法官说法丛书

全国“八五”普法推荐读物

交通事故责任纠纷典型案例解析

鲁桂华 / 主编

中国法制出版社
CHINA LEGAL PUBLISHING HOUSE

《法官说法丛书》（第二辑）

总编委会

本书编委会

作　者

侯晨阳　北京市第二中级人民法院民六庭四级高级法官

张　科　北京市第二中级人民法院民六庭一级法官助理

杨　超　北京市第二中级人民法院民六庭三级法官助理

毕凤敏　北京市第二中级人民法院民六庭三级法官助理

李靖元　北京市第二中级人民法院民六庭三级法官助理

杨云霞　北京市第二中级人民法院民六庭三级法官助理

李　政　北京市第二中级人民法院民六庭三级法官助理

崔　宁　北京市第二中级人民法院民六庭法官助理

杨一树　北京市第二中级人民法院民六庭法官助理

欧阳艺纯　北京市第二中级人民法院民六庭法官助理

目录

CONTENTS

第一章

机动车交通事故责任认定

案例一

共享汽车肇事，应该由谁担责？

李政[①]

案情回顾

李飞驾驶车辆撞到路上的环卫工人戈香兰致其死亡，经交通大队认定，李飞未取得驾照且醉酒后超速行驶，黄非红明知李飞没有驾照、共同饮酒后仍纵容其驾车上路，造成此次事故，李飞承担主要责任，黄非红承担次要责任。经查，肇事车辆为鹦鹉公司运营的共享汽车。事发当日，黄非红通过鹦鹉公司分时租赁系统租用涉案车辆，事发时涉案车辆由李飞驾驶，黄非红为乘车人。

死者戈香兰的继承人杨路虎、杨君越、杨君威向一审法院起诉，要求李飞、黄非红、鹦鹉公司、保险公司赔偿医疗费、死亡赔偿金、误工费等各项损失。

一审法院审理后认为，根据交管部门的责任认定，李飞承担主要责任，黄非红承担次要责任，戈香兰无责任，故本案损失应由保险公司在交强险限额内赔偿，超出部分由李飞、黄非红按照70%和30%的责任比例进行赔偿。保险公司以驾驶人员存在违法行为为由，主张在交强险之外免责之抗辩，于法有据，予以支持。鹦鹉公司作为出租人对事故并无过错，黄非红以鹦鹉公司监管不到位，没能在出租车辆上安装酒测器以预防酒驾发生为由，要求鹦鹉公司分担责任之抗辩，没有相应的事实与法律依据，对此不予考虑。因李飞已与杨路虎、杨君越、杨君威达成刑事和解协议并赔偿70000元，其三人出具了谅解书并免除了李飞的民事责任，故一审法院判决：1. 保险公司在交强险限额内赔偿杨路虎、杨君越、杨君威医药费及死亡赔偿金共计120000

---

① 北京市第二中级人民法院法官助理。

元；2. 黄非红赔偿杨路虎、杨君越、杨君威医疗费、死亡赔偿金、丧葬费、精神损失费等剩余费用合计 95608.8 元；3. 驳回杨路虎、杨君越、杨君威的其他诉讼请求。

杨路虎、杨君越、杨君威不服一审判决，提起上诉，认为鹦鹉公司把车租给醉酒的黄非红，未落实承租人身份查验要求，依法应当承担赔偿责任。故请求改判由鹦鹉公司承担本次交通事故 30% 的责任。鹦鹉公司辩称，其并非本次事故的侵权责任方，且在现有技术条件下，其已尽到了相应的审核义务，故不同意赔偿。

二审法院审理后认为，本案中双方争议的主要焦点是鹦鹉公司作为共享汽车出租方是否应对肇事租赁车辆承担赔偿责任。根据在案证据，黄非红作为承租人具有相关的驾驶资格，鹦鹉公司亦对其驾驶证件进行了线上核验，应认定鹦鹉公司已尽到了相应的审验义务。应当指出的是，对于线上租车这一新兴事物，法律无法苛责车辆出租方承担超出其现有技术水平之外的审查义务，即使是线下租车，在现有条件下也无法实现对车辆驾驶人精神状态及实际驾驶人是否变更等情况的实时监管，故无法排除车辆承租人醉酒驾驶或车辆承租人与实际驾驶人不一致的风险。因此上诉人杨路虎、杨君越、杨君威一方要求鹦鹉公司承担相应赔偿责任的诉讼请求依据不足，法院不予支持。

上述案例是关于共享汽车使用人驾驶车辆造成他人人身损害的案件，该案涉及租赁平台、车辆出借人、实际驾驶人、保险公司等多个责任主体。本案中，各个主体分别应承担何种赔偿责任？车辆出借人在什么样的情况下承担责任？租赁平台又应在什么情况下承担责任？

法理分析

（一）法律依据

共享汽车的运营模式通常为：投资方（通常为某汽车生产公司）作为车辆所有人向共享汽车租赁平台（如某共享汽车 APP）提供车辆，租赁平台负责运营管理上述车辆并直接面向用户提供租车服务。由此可见，共享汽车虽采用新型的线上分时租赁模式，但在法律关系上，其仍与传统线下汽车租赁无异，仍应适用《民法典》第一千二百零九条关于因租赁、借用等情形致使机动车所有人和使用人不一致时，交通事故赔偿责任承担的规定。

（二）理论辨析

根据《民法典》第一千二百零九条的规定，当机动车所有人和使用人相分离的情形下，发生事故时，由车辆使用人承担赔偿责任，车辆所有人对损害的发生有过错的，承担相应的赔偿责任。该条规定的法理依据为“风险开启理论”和“报偿理论”，前者是指开启、控制和支配某一“危险源”的人应该对该危险源对他人造成的损害承担责任。运行机动车对周围环境具有高度危险性，机动车的所有人、管理人和使用人均不同程度地影响该“危险源”，故其应当承担民事责任；后者是谁享有利益，谁承担责任，故从机动车运行中受益的人也应对机动车所致损害承担责任。基于该理论，机动车所有人将车辆出租或出借后，即丧失了对该车辆的实际控制力，而机动车的承租人或借用人，实际支配和控制车辆并享有运行利益，故其应成为责任承担主体，机动车所有人仅在有过错的情形下承担相应责任。

机动车所有人和管理人对交通事故损害的发生有过错，主要体现在两个方面：一是对车辆管理之过错，二是对借用人选任之过错。对此，《最高人民法院关于审理道路交通事故损害赔偿案件适用法律若干问题的解释》第一条作出了进一步规定：机动车发生交通事故造成损害，机动车所有人或者管理人有下列情形之一，人民法院应当认定其对损害的发生有过错，并适用《民法典》第一千二百零九条的规定确定其相应的赔偿责任：（一）知道或者应当知道机动车存在缺陷，且该缺陷是交通事故发生原因之一的；（二）知道或者应当知道驾驶人无驾驶资格或者未取得相应驾驶资格的；（三）知道或者应当知道驾驶人因饮酒、服用国家管制的精神药品或者麻醉药品，或者患有妨碍安全驾驶机动车的疾病等依法不能驾驶机动车的；（四）其它应当认定机动车所有人或者管理人有过错的。

本案中，李飞作为车辆的实际驾驶人，其无证醉酒且超速驾驶是事故发生的主因，故其应承担主要赔偿责任。黄非红作为出借人明知李飞未依法取得机动车驾驶证、共同饮酒后仍纵容其驾驶机动车上道行驶，符合上述规定的情形（二）和（三），黄非红应对其过错行为承担相应责任，法院根据黄非红的过错程度结合交管部门的责任认定判决其承担 30% 的赔偿责任是适当的。同时，黄非红作为共享汽车承租人具有驾驶资格，鹦鹉公司在出借车辆时对其驾驶证件进行了线上核验，应认定鹦鹉公司已尽到了相应的审查义务，故其不承担赔偿责任。

知识拓展

（一）租赁平台审核义务的厘定

司法裁判中，如何厘定租赁平台审核义务的范围和程度成为涉共享汽车道路交通纠纷案件的争议焦点。目前，规范共享汽车行业的法律规范较少，少数规范也因规定过于抽象，无法直接在个案中适用。另外，共享汽车分时租赁均在线上完成，无法像传统汽车租赁一样当面进行身份核验，同时，受技术条件所限，各大共享汽车公司对用户资格的审核标准参差不齐。实践中，大多租赁平台会对本人驾驶证、身份证等进行形式审核，而对于驾龄、违章情况、驾驶人的精神状态、实际驾驶人与注册人是否一致等事项是否纳入审查范围，不同租赁公司要求不一（如有的租赁公司要求驾驶人驾龄需在 6 个月以上，有的租赁公司要求驾照扣分应在 12 分之内，有的租赁公司甚至已开发出“人脸识别”技术，并在研发身份证的二次核验技术，以实现对驾驶人的动态监管）。身份查验制度的不完善，使得租赁公司因未履行审慎监管义务屡屡成为赔偿责任的承担主体。

就目前的技术水平和共享汽车行业的发展现状，租赁平台的审核义务应至少包括对共享汽车用户驾驶证和身份证的形式审核，未完成该项审核的租赁平台应认定为未尽到资质审核的义务，需承担相应的过错责任。未来，随着分时租赁行业的发展和识别技术水平的逐步提高，也势必对租赁平台的审查义务提出更高的要求。

（二）租赁双方的合同责任

租赁平台与用户签订分时租赁协议，双方之间形成租赁合同关系，在共享汽车肇事案件中，受害人除了要求共享汽车租赁平台承担车辆出租人责任外，肇事者为分担责任，还往往会要求租赁平台承担租赁合同项下的合同责任。因此，该类案件呈现出侵权责任与合同责任交织耦合的特点。

值得注意的是，分时租赁协议通常以格式合同的形式呈现，一些租赁平台受制于自身资金实力、资源整合能力、风险承担能力等因素，为规避风险、持续经营，往往在租赁合同中片面加重用户责任，标注平台免责的情形，如约定当发生交通事故造成共享汽车贬值损失时，用户承担较高额度的贬值损失和折旧费。另外，协议通常对驾驶车辆的投保情况，如投保险种、保险额度、事故发生后平台是否代办保险理赔以及垫付保险限额内的费用等也作出了相应约定。当用户同意协议约定时，就受到相关条款约束，承担相应合同责任。因此，用户应充分知晓协议中对于上述内容的约定，并根据自己的风险承受能力妥善选择共享汽车出行，避免双方因赔偿责任问题产生争议。

普法提示

随着共享经济的升温，共享汽车应势而出。然而，共享汽车带给人们出行便利的同时，交通事故也屡有发生。涉共享汽车肇事类案件相比传统道路交通纠纷案件需要审查租赁平台及用户各方责任承担。希望通过对上述问题的探讨与梳理，可以更好地提示相关企业和共享汽车用户，规范自身行为，避免可能出现的法律风险。

1. 针对共享汽车出行可能存在的法律风险，法官提示共享汽车用户应做到“五审慎”

一是审慎检查车辆状况，避免为租赁平台过错“买单”。租赁平台应保证车辆的适驾性。同时，用户在使用共享车辆前负有对车辆安全技术性能的检查义务，检查的内容应包括制动系统、灯光、轮胎、仪表盘等。如车辆驾驶人未尽上述检查义务，即使租赁平台因提供不合格车辆对事故发生具有过错，驾驶人仍需承担相应责任。

二是审慎考察借用人资质，尽量避免将账号或本人解锁车辆出借他人，以免因“好心”惹麻烦。当共享汽车用户将账号或已解锁车辆借予他人使用时，若发生交通事故，出借人依其过错程度承担相应侵权责任，特殊情况下还有可能构成交通肇事罪的共犯而承担刑事责任。因此，为维护自身利益及便于租赁平台管理，用户应尽量避免将车辆借予他人。即使有必要出借车辆，也应对车辆是否有缺陷、借用人驾驶资质、驾驶状态等进行必要审查，避免不必要的法律纠纷。

三是遵守交通法规，审慎驾驶、文明出行，避免因违法驾驶承担巨额赔偿责任。饮酒驾驶、肇事逃逸属于刑事违法行为，且驾驶人在发生上述行为时，保险公司依据商业三者险条款可免予赔偿，此时交强险理赔范围之外的所有赔偿均需由驾驶人自己承担。所以共享汽车用户需严格遵守交通法规，谨慎驾驶，在发生事故时应及时报警、报险，并将事故情况告知运营平台，万不可隐瞒事故或弃车逃逸。

四是审慎阅读租赁服务合同条款，需特别注意免责条款和车辆的投保情况。当用户点击同意租赁服务协议时，其就受到相关条款约束，承担相应合同责任，因此用户应仔细阅读合同条款，充分知晓其驾车出行的风险承担情况，并根据自己的风险承受能力妥善选择共享汽车出行。

五是驾驶新手以共享汽车练手试驾需审慎。由于共享汽车的易取得性，不少驾驶新手使用共享汽车练车试驾，根据我国法律规定，处于实习期的驾驶员不可以独自驾车上高速且应在车身后贴上实习标志。实习期新手应严格遵守上述规定。加之共享汽车车型与一般考试车型有较大差别，新手不易掌控，新手驾驶共享汽车练车需格外谨慎，并且最好有老司机在旁保驾护航。

2. 共享汽车运营平台亦应做到“三规范”

一是规范车辆运维保养。由于共享汽车车内乘员流动性很大，车况相比一般私家车较差，租赁平台应增强线下服务能力，完善车辆报修机制，通过运营人员的日常巡检、车辆自检等方式，确保车辆安全状况良好并及时将缺陷车辆进行维修退市处理。此外，运营平台还应负责车辆的年审验车及确保投保的连续性，如果车辆在未及时续保交强险期间发生交通事故，运营平台应当在交强险责任限额范围内承担连带赔偿责任。

二是规范驾驶人资质审核。租赁平台应逐渐强化对驾驶人身份查验的技术能力，运用人脸识别、指纹识别、随机识别等手段，以确保车、证、人相一致。同时，可以参照一些运营平台，建立黑名单制度，取消账号外借注册人的用户资格，并通过大数据等技术手段，对驾驶人身份的查验保持动态监控。

三是规范车辆登记性质。鉴于营运车辆和非营运车辆的保费差额较大，二者在结算法则、保障内容、后期理赔规定等亦不相同。运营平台在为共享汽车投保时应按规范的登记使用性质对应的保险费率投保，以真正实现保险的风险转移作用。否则，将可能涉及擅自改变车辆使用性质而致使保险公司在商业三者险下不承担赔偿责任的情况。

案例二 乘坐网约车遭遇车祸，网约车平台承担什么责任？

张科[①]

案情回顾

樊丽丽乘坐飞机到北京后，通过“某某用车”APP 预定了一辆网约车回家。几分钟后，葛三驾驶网约车接到樊丽丽，车辆在机场高速路出口处与吴二驾驶的一辆低速货车相撞，造成两车损坏、樊丽丽受伤、葛三当场死亡，后交通管理部门认定吴二对此次事故负全部责任。

经查，“某某用车”APP 中《某某用车服务协议》载明：“本协议由 A 网约车平台公司制定，并由 A 网约车平台公司公布予以实施。甲方为在某某用车平台成功注册，并完成用车预约的企业或个人用户。乙方为 A 网约车平台公司，遵照中华人民共和国法律法规注册，为用户提供出行服务，代为预订用车的有限公司。丙方为劳务公司。丁方为汽车租赁公司。戊方为科技公司，遵照中华人民共和国法律法规注册，拥有某某用车网络平台，为乙方提供用车平台技术服务的技术提供商。”

后因各方就赔偿事宜未能协商一致，樊丽丽起诉至法院，要求 A 网约车平台公司赔偿其误工费、财产损失、护理费、营养费、交通费、住院伙食补助费等损失。

一审法院经审理后判决 A 网约车平台公司赔偿樊丽丽误工费等合理损失共计 2 万余元。

判决后，A 网约车平台公司不服，上诉至二审法院，要求改判其不承担赔偿责任。具体理由为：1. 交通管理部门认定的是第三人吴二承担事故全部责任，侵权责任人应该是吴二，我公司并非侵权责任人；2. 我公司只是网络

---

① 北京市第二中级人民法院法官助理。

信息提供方，只抽取中间信息费用，并非承运人；3. 即便我公司是承运人，本案赔偿责任产生的基础法律关系是侵权责任，侵权责任的承担主体也应该是侵权人。

二审法院经审理后认为A网约车平台公司作为承运人应赔偿乘客樊丽丽的合理损失，驳回了A网约车平台公司的上诉。

那么，A网约车平台公司与樊丽丽之间构成什么样的法律关系？A网约车平台公司应否对樊丽丽的损失承担赔偿责任呢？

法理分析

（一）A网约车平台公司与樊丽丽构成运输合同法律关系

通过案例我们可以看出，A网约车平台公司的经营模式具有如下特点：第一，A网约车平台公司根据乘客的需求与车辆进行匹配，直接指派具体车辆提供服务，A网约车公司自行制定《某某用车服务协议》并通过“某某用车”APP发布，协议明确载明“……网约车平台公司，遵照中华人民共和国法律法规注册，为用户提供出行服务，代为预订用车的有限公司……”网约车的预约方式、费用构成、支付结算、质量监控以及风险分担等均在该协议中明确载明。第二，乘客在使用“某某用车”APP过程中发生的一切费用均统一由A网约车平台公司收取结算，根据协议内容可以看出A网约车平台公司收取的费用包括代订服务费、劳务服务费、汽车租赁费、乘客接受服务过程中发生的高速路收费、停车费等其他临时费用。上述费用由A网约车平台公司与为网约车提供其他技术、服务支持的其他各方主体约定如何再行分配。而且若用户实际用车时违约需向其他主体支付违约赔偿时，仍然由A网约车平台公司向用户收取或处理解决。同时该协议还约定，若用户需要，A网约车平台公司承诺由其开具发票。

樊丽丽作为乘客通过“某某用车”APP预订车辆，A网约车平台公司实际为樊丽丽提供了出行服务并收取费用，因此，A网约车平台公司与樊丽丽之间构成了运输合同法律关系，其应系承运人。

（二）作为承运人，A网约车平台公司应对樊丽丽所受损害承担违约赔偿责任

2021年1月1日起施行的《民法典》第八百二十三条第一款规定，承运人应当对运输过程中旅客的伤亡承担赔偿责任，但是，伤亡是旅客自身健康原因造成的或者承运人证明伤亡是旅客故意、重大过失造成的除外。案例中的交通事故系案外人责任造成，根据交管部门出具的事故认定书，樊丽丽自身不存在过错，更不存在故意或者重大过失，而且樊丽丽的受伤不是因为其自身健康原因造成。因此，根据法律规定，A网约车平台公司作为承运人理应对樊丽丽在运输过程中所受损害承担赔偿责任。

在本案中，A网约车平台公司还主张因为事故是案外人造成的，所以案外人是侵权人，公司不是本案责任主体，应该由造成事故的案外人承担赔偿责任。对于案外人侵权造成合同违约的赔偿问题，《民法典》第五百九十三条规定，当事人一方因第三人的原因造成违约的，应当依法向对方承担违约责任。当事人一方和第三人之间的纠纷，依照法律规定或者按照约定处理，虽然本案的交通事故系案外人全责造成，但与樊丽丽建立运输合同的相对方是A网约车平台公司。因此，对于网约车平台公司关于应由造成事故的案外人承担赔偿责任、其非本案责任人的上诉主张，法院不予采纳。

由于A网约车平台公司未按照合同约定将樊丽丽安全送达，构成违约，其应对樊丽丽遭受的损害承担违约赔偿责任。

知识拓展

根据对基本案情以及审理情况的梳理和介绍，我们可以看到本案的争议焦点指向了两个问题：一是网约车平台公司的法律地位问题；二是旅客受损，承运人应承担何种赔偿责任的问题。

（一）网约车平台公司的法律地位

1.“四方协议”下网约车平台法律地位虚化问题

所谓网约车经营服务，一般是指以互联网技术为依托构建网络服务平台，整合供需信息，使用车辆和驾驶员，提供非巡游的预约出租汽车服务的经营活动；而其通常模式为乘客通过平台软件发出要约（一般包括乘客出发起点、乘客欲到达终点、选择的车辆类型等情况），网约车平台公司通过同一平台作出承诺，并在约定的时间实施运输行为，在运输行为结束后根据议定价格收取乘客费用的一种服务模式，是“互联网 +”在交通方面的典型代表。

与传统的出租车相对简单的消费者、出租司机二元民事法律关系主体结构相比，网约车运行过程中涉及更为复杂的法律关系主体，其中包括租车软件平台、汽车租赁公司、劳务派遣公司、专车驾驶员以及消费者等多方法律关系主体。现实中，网约车更多采取的是以网络平台为主体的四方协议经营模式，网络平台一般作为主要的发起者和牵头组织者，私家车辆挂靠在汽车租赁公司、劳务派遣公司提供驾驶劳务关系，由此形成多元民事法律关系主体。在这种经营模式下，网约车平台公司表象地位与实际地位的不一致，造成法律责任不清、混乱的局面。

2. 网约车平台公司法律地位辨析

对于网约车平台公司的法律地位一般存在两点观点，第一种观点认为，网约车平台公司是运输服务合同的提供者，即承运人，在网约车服务平台和乘客之间成立事实上的运输服务合同关系。第二种观点认为，网约车平台公司只是在乘客和驾驶员之间搭建信息沟通、支付价款等服务的桥梁，并不实际提供运输服务，只是信息交流的中介。

要探究网约车平台公司的法律地位问题，不能仅从网约车平台公司提供的格式合同条款来定义，也不应该仅从与传统的出租车行业进行比较的角度出发，而应从网约车平台公司本身性质以及其实际提供的服务来考量并作出定义。

第一，在管理方面，网约车平台公司虽然大部分自身不拥有车辆和雇用驾驶员，但网约车平台公司是网约车运营行为的组织者、主导者、调度者，网约车和驾驶员的运营管理、运输合同的订立、服务质量的监管、相关事故纠纷的处理等方面都是由网约车平台公司在进行管理。

第二，在运输合同方面，网约车服务平台公司制定并发布运输服务合同，网约车的计费标准、收益分配规则、服务质量保障等均由上述合同约束。同时，网约车平台公司虽然不像传统出租车公司一样向出租车驾驶员固定收取承包、管理费用，但其仍在网约车驾驶员每单收入中按照一定比例抽取相应分成进行盈利。

第三，在费用结算方面，乘客把费用付给网约车平台公司，并且由网约车平台公司向乘客开具发票，运输合同由网约车平台公司作为交易一方提供网约车运输服务并收取价款，乘客作为另一方享受网约车运输服务并支付价款。

第四，在合同的相对性方面，网约车平台和司机间的内部关系不影响网约车客运合同承运人的法律地位。对于乘客而言，就是通过软件约车、付款，完成运输服务，不能苛求普通用户应当知晓四方协议中各方复杂的关系，同时因为合同的相对性也不应该受到四方协议的约束。

通过以上分析可以得出网约车平台公司实际从事的是旅客运输服务的结论，其法律地位符合我国现行法律体系中对于承运人的定义。2016 年 7 月 14 日，交通运输部、工业和信息化部、公安部、商务部、国家工商总局、国家质检总局、国家网信办联合颁布的《网络预约出租汽车经营服务管理暂行办法》也实际采纳了这种观点，该办法第十六条规定："网约车平台公司承担承运人责任，应当保证运营安全，保障乘客合法权益。"

（二）承运合同中旅客人身损害和财产损失适用不同归责原则

旅客承运合同不同于其他合同，旅客是在接受运输服务时将自身的身体和财物处于运输工具的范围内，乘客的人身财产安全基本在承运人的掌控范围内，因此承运人确保安全送达旅客的义务是该种合同方式所要求的必然结果。同时，因人的生命健康权不同于一般的物权，《民法典》也对旅客的人身安全和自带物品的损害规定了不同的归责原则。

对于旅客人身损害，《民法典》第八百二十三条第一款规定：“承运人应当对运输过程中旅客的伤亡承担赔偿责任；但是，伤亡是旅客自身健康原因造成的或者承运人证明伤亡是旅客故意、重大过失造成的除外。”从该条款可以看出对于旅客人身伤亡中承运人的责任承担问题采用的是无过错原则，旅客在遭受人身损害时无须就承运人存在过错承担举证责任，而承运人主张免责则必须举证证明旅客所受伤害系自身健康原因或系其本人故意、重大过失造成。

对于旅客财产损失，《民法典》第八百二十四条规定，在运输过程中旅客随身携带物品毁损、灭失，承运人有过错的，应当承担赔偿责任。旅客托运的行李毁损、灭失的，适用货物运输的有关规定，该条款采用的是过错原则，旅客必须证明承运人对于物品的损失存在过错，如果不能证明，则承运人不承担损害赔偿责任。

（三）承运人不得以第三人原因为由主张免除违约责任

在实践中，往往会有承运人以损害是第三人原因造成为由主张减轻或者免除己方责任。《民法典》第五百九十三条规定：“当事人一方因第三人的原因造成违约的，应当依法向对方承担违约责任。当事人一方和第三人之间的纠纷，依照法律规定或者按照约定处理。”根据该条款的规定，承运人在履行客运合同中，乘客因第三人侵权遭受人身损害时，造成承运人不能履行合同的，承运人应当承担违约责任。根据合同的相对性，由于第三人并非合同当事人，与合同无关，非违约方不能要求第三人承担违约责任，违约方也不能因此主张免责。至于违约方与第三人之间的纠纷则系另一法律关系，违约方承担违约责任后，可依有关法律规定或者约定请求第三人予以赔偿。

（四）侵权责任与违约责任的竞合

若承运人对乘客人身损害存在其他过错，那么承运人在承担违约责任的同时也需要承担侵权责任。此时，存在违约责任与侵权责任竞合，在这种情况下我们应如何要求责任人承担责任呢?

《民法典》第一百八十六条规定:“因当事人一方的违约行为,损害对方人身权益、财产权益的,受损害方有权选择请求其承担违约责任或者侵权责任。”因此,当事人在主张权利时只能要求第三人和承运人承担侵权责任,或要求第三人承担侵权责任并要求承运人承担违约责任,而不能在要求承运人承担侵权责任的同时又要求承运人承担违约责任。

普法提示

近年来,不断出现在网约车服务中乘客或司机被侵犯人身权利、财产权利的案件,引起了社会的广泛关注和讨论。“道路千万条,安全第一条”,安全是网约车的底线,保障乘客、司机的安全应成为全社会的共识。

相关部门应积极发挥行政职能,对于网约车进行合理引导,不断调整监管,促进新型交通出行市场的健康发展。《网络预约出租汽车经营服务管理暂行办法》解决了网络租约车的合法性问题并就运营行为提出了一定规范,但新技术的发展总是超前的,监管与法律规制往往具有滞后性,行业监管部门应该顺应新技术和新应用的发展趋势,从促进产业发展和满足消费者不断变化需求的目标出发,创新监管方式与制定新的监管政策,使新型交通出行市场能够长足健康发展。

网约车平台公司应提升自我管理的能力,充分利用新技术及大数据,加强与行政部门尤其是交通管理部门的合作,对接入车辆的性能(包括年检、违章等)、司机的背景调查(包括犯罪记录和违章记录等)进行细致、严格核查,提升车辆安全和服务质量。同时,建立合理有效的网约车评价机制,并增设诸如“一键报警”等措施,真正使乘客和司机的权利得到有效保障。

案例三

醉卧道路致死应该由谁担责？

侯晨阳[1]

案情回顾

一天夜里广渠大街发生了一起严重的交通事故，一辆小货车在机动车道内与行人吴鹏发生碰撞，导致吴鹏当场死亡。交警到达事故现场后，发现小货车司机张宇情绪十分激动，不停地向交警重复说自己没有责任。一般在发生恶性交通事故后，肇事司机情绪激动也较为常见，所以张宇的反应并没有引起交警的特别注意。简单安抚了张宇的情绪后，交警开始勘测事故现场。可就是在勘测过程中，交警发现了这起交通事故的不同寻常之处。

这起交通事故的现场是在广渠大街东向西方向的最内侧车道。广渠大街道路中心设有中心护栏，将道路分为东行、西行方向。东向西方向共有五条机动车道，一条非机动车道，其中第四、第五机动车道之间设有隔离设施。也就是说，发生交通事故的最内侧车道左右两端，都有隔离护栏将车辆和行人分离，那么行人吴鹏为什么要翻越隔离护栏进入机动车道内呢？

从对肇事车辆的勘测来看，交警在事故车辆的前部基本找不到碰撞痕迹，只是在车辆前保险杠下部有轻微的碰撞痕迹和血迹。从死者尸体来看，吴鹏除头部有明显撞击痕迹以外，并没有明显的骨折痕迹，反而是体表有大量的擦伤、血肿痕迹。究竟是什么原因会让这起交通事故出现种种反常的现象呢？

交警通过对张宇的询问了解到，原来吴鹏被撞的时候竟然是躺在马路上的。张宇说，事故发生时他正在最内侧机动车道内正常行驶，隐约看到前方道路上好像有什么东西，但是因为天已经黑了，所以看不太清。直到车辆驶

---

① 北京市第二中级人民法院员额法官。

离那个东西不到 10 米的时候，张宇才突然发现地上躺的竟是个人。张宇虽然立即刹车，但还是从那人身上轧了过去。交警对张宇车辆进行检测时还发现，张宇的车辆处于逾期未检状态，而且驻车制动和车辆前大灯亮度不合格。同时警方还发现，吴鹏在发生交通事故时体内的酒精含量为 125.3mg/100ml，也就是说，吴鹏在发生交通事故前，曾大量饮酒。

事故调查到现在，证据都指向吴鹏是饮酒过量翻越护栏后醉倒在机动车道，但是吴鹏的家属却对此表示质疑。吴鹏的家属说，吴鹏的酒量很好，事发前吴鹏也仅仅喝了一小杯白酒，不可能醉倒躺在道路上。

为了确定发生事故的状态，交警委托了鉴定机构对吴鹏进行损伤成因鉴定，但是因吴鹏的家属在鉴定过程中拒绝解剖尸体，致使鉴定工作无法进行。最终，因为事故发生时吴鹏的倒卧原因无法查证，事故成因无法查清，交警依法未对本次交通事故作出责任认定。因就赔偿问题未能协商一致，最终吴鹏的家属对张宇提起了诉讼，要求张宇赔偿各项损失 78 万余元。

一审法院经审理后认为，因交管部门未就本次交通事故确定双方的责任，双方均不能证明对方应承担全部过错责任，所以法院推定事故各方对于事故的发生均有过错，负同等责任，并据此判决张宇赔偿吴鹏家属 34 万余元。判决后，张宇不同意一审判决，坚持认为自己在本次交通事故中没有过错，并向二审法院提起上诉。

二审法院经审理后认为，张宇作为机动车驾驶员，应尽到谨慎驾驶的义务，并保证其驾驶的机动车处于正常使用状态。但事故发生时，张宇的车辆处于逾期未检状态，驻车制动与车辆前大灯亮度也都不合格。此次事故发生于夜间，车辆前大灯的照明亮度势必对机动车的安全驾驶产生不利影响。张宇未尽到上述注意义务，驾驶逾期未检车辆上路并与吴鹏发生碰撞，故其关于自身不存在任何过错的上诉理由，缺乏事实依据。同时，事故发生时，吴鹏倒卧于机动车道内，其本身对损害的发生亦负有一定责任。加之，吴鹏的家属在公安交通管理部门调查阶段拒绝配合鉴定中心工作，造成事故发生时吴鹏的倒卧原因无法查证，以至于此部分事实无法查清，其亦应就此承担一定责任。结合以上因素考虑，二审法院最终判决驳回了张宇的上诉请求，维持了一审判决。

那么本次交通事故法院为何会认为双方应负同等责任？法院一般划分交通事故责任的依据又是什么呢？

法理分析

（一）侵权行为的构成要件

判断一个行为是否构成侵权，我们首先要了解侵权行为的构成要件都有什么。依据《民法典》第一千一百六十五条规定，侵权行为一般包含以下 4 个构成要件：1. 侵权行为，就是侵权人侵犯他人权利的加害行为本身，如张宇驾驶汽车对吴鹏的撞击行为就属于侵权行为。2. 损害后果，就是他人人身权利或财产权利遭受的不利影响，如吴鹏受张宇撞击后身亡，吴鹏的生命权就受到了侵犯。3. 因果关系，就是指损害后果是由侵权行为造成的，如吴鹏的死亡是张宇车辆撞击导致的。4. 主观过错，是指行为人应受责难的主管状态，分为故意和过失两种形式。故意是指行为人能够预见自己行为的结果，并希望或者放任这种结果发生。过失则是指行为人应当预见到自己行为的后果，但是因为疏忽大意没有预见，或者预见到了但是轻信能够避免。

通常判断一个行为是否属于侵权行为，上述 4 个要件缺一不可。而且基于"谁主张谁举证"原则，诉讼中的原告方需要对上述 4 个构成要件承担举证责任，也就是通常所说的过错责任原则。但是基于法律的特殊规定，在主观过错这一构成要件上存在特例，即某些侵权行为中不要求侵权人主观必须具有过错，即无过错责任。还有一些侵权行为中先推定侵权人主观具有过错，即过错推定责任。过错推定责任在推定侵权人具有过错后，需要侵权人就自己没有过错举证，这样就减轻了被侵权人的举证责任。在道路交通事故责任中，就涉及过错推定责任。

（二）机动车交通事故的归责原则

依据《道路交通安全法》第七十六条的规定，道路交通事故依据以下原则划分责任：1. 如果是机动车之间发生交通事故，那么适用上文提到的过错责任原则，也就是原告需要证明被告具有过错。2. 如果是机动车与行人发生交通事故，那么就是上文提到的过错推定责任，即发生交通事故后，先推定机动车一方具有过错，行人只需要证明损害是由机动车碰撞造成的即可完成举证责任。在推定具有过错的前提下，机动车一方需要证明自己没有过错，或者证明行人一方同样也存在过错，来减轻自己的赔偿责任。

（三）案例中交通事故中的责任划分

下面我们适用上面的归责原则，来为案例中的交通事故划分以下责任。本次交通事故是机动车与行人之间发生的交通事故，依据法律规定应该适用过错推定的归责原则。张宇驾驶车辆撞击吴鹏导致吴鹏死亡，侵权行为、损害后果以及因果关系都很明显，应认定吴鹏的家属已经完成了举证责任。那么下一步就需要张宇提供证据证明他对于交通事故的发生没有过错或者证明吴鹏对于交通事故的发生有过错。

张宇对于这起交通事故有没有过错？答案是有过错。张宇的过错主要在于他驾驶的机动车。机动车驾驶人驾驶机动车上路行驶，首先要保证自己的机动车符合上路行驶的要求，保证自己的机动车的各项效能指标符合国家的相关规范。张宇驾驶的机动车已经属于逾期未检车辆，而且在车辆的检测中也发现存在驻车制动不合格，车辆大灯照明亮度不够等问题。而在本次交通事故中，机动车大灯照明亮度不够对张宇未能及时发现路面上的吴鹏存在一定的不利影响，所以张宇对于交通事故的发生是具有过错的。

那么吴鹏对于交通事故的发生有没有过错呢？答案是也有过错。吴鹏的过错在于，他在机动车行车道内躺卧已经不是正常的道路通行行为，这种非正常道路通行行为会加大机动车司机的注意义务，也会大大增加发生交通事故的风险。吴鹏在发生交通事故前曾大量饮酒，因此依据高度盖然性的举证标准，可以认定吴鹏是因为醉酒而倒卧于路上。在这起事故中，交警曾经委托了鉴定机构对相关问题进行鉴定，但是因为吴鹏家属不同意尸检而导致鉴定无法进行。作为应该承担举证责任的一方，吴鹏家属拒绝尸检的行为直接导致了其在诉讼中不能拿出足够的证据，因此法院对于吴鹏家属的主张未予采信。

知识拓展

在行人倒卧道路发生的交通事故中，行人倒卧的原因多种多样，有因为醉酒失去意识倒卧的，有因为身体健康原因在通行时突然失去意识而倒卧的，有因为受他人追打而倒卧的，也有想自杀而故意在道路上倒卧的。在划分事故责任时，行人倒卧道路的原因是法官需要考量的一个重要因素。如果是当事人想要自杀，故意在道路上倒卧的，那么通常机动车一方对于交通事故不负责任，但是如果机动车一方存在重大过错的，可能要承担次要责任。如果行人是因为非自愿的主观原因而倒卧的，如身体原因或是他人追打，那么此类原因通常不认为是行人一方的过错，在划分责任时可能倾向于机动车一方负的责任更多一些。如果是因为自身原因倒卧，如醉酒，那么通常认为行人将自己放任到醉酒失去意识的状态本身就是一种过失，因此可能会认定行人一方的责任更多一些。

在因行人倒卧发生交通事故的案件中，有一半以上的案件交管部门未能作出事故认定。造成这种情况主要是因为行人倒卧道路的原因很难查清，同时车辆驾驶员对于非正常通行的倒卧人员的合理注意义务的界限很难划分。因此，由于缺少交管部门的责任认定意见，此类案件中能否收集到充分的证据就显得格外重要，往往是决定诉讼请求能否得到支持的关键原因。

审判工作中法院在衡量此类案件中各方责任大小时通常会考虑以下几方面因素：1. 行人倒卧的原因。2. 发生交通事故时的环境因素，如事故发生在白天还是夜晚，如果是夜晚的话路面的灯光情况如何，驾驶员的能见度如何，发生交通事故的道路是什么性质的，路面是什么质地的，等等。3. 车辆性能是否符合标准，如车辆的灯光亮度、制动性能以及车辆是否超载等。4. 驾驶员是否存在不适合驾驶的情况，如是否酒后驾车，是否有驾照，驾驶特殊车辆是否有驾驶资格等。5. 驾驶员在发生事故后是否妥善处理，如是否及时报警、是否将伤者及时送医，是否存在逃逸情节，等等。如果因为驾驶员未妥善处理事故而导致行人遭二次碾轧的，可能会加重驾驶人的责任。

普法提示

（一）要有收集、固定证据的意识

在发生交通事故后，法律对于机动车一方的举证责任要求较高，因此机动车驾驶人无论是在日常的车辆使用过程中，还是在发生交通事故后，都要有收集、固定证据的意识，以维护自身的合法权益。在这里给机动车驾驶员提出几点建议：1. 尽量安装行车记录仪。行车记录仪记录的车辆行驶经过是还原事故发生情况最直接、最有力的证据。无论是交管部门还是法院在处理交通事故时，如果有行车记录仪记录的第一手视频资料，都会作为重要证据予以考量。而如果没有行车记录仪，发生交通事故后导致事故经过无法证明，那往往需要机动车驾驶人来承担举证不能的不利后果。2. 尽量选择有监控探头的道路行驶，夜间行车尽量选择光线条件好、路面相对简单的道路行驶。3. 发生交通事故后，在处理事故问题上尽量做到事事留痕，要注意保留好相关协议、票据的原件。

（二）要有经常检查车辆使用状况的习惯

车辆的使用状况不仅关系到驾驶员的行车安全，从事故责任划分的角度，往往也关系到驾驶员对于事故是否具有过错的认定。虽然对于车辆强制检验在逐年放宽，但是建议有条件、有能力的驾驶员还是要经常检查车辆的车况，特别是对灯光、制动、载重等可能影响安全驾驶的重要性能，一定要时刻保持关注，如果发现车况出现异常，要及时维护车辆，把风险隐患杀死在萌芽之中。

（三）发生交通事故后要尽量配合交管部门完成相关检测

发生交通事故后，交管部门为了认定事故责任，需要对相关车辆、人员、尸体进行相关检测。因为法律赋予机动车驾驶员的举证责任要更多一些，所以建议机动车驾驶员一方配合交管部门完成相关的检测工作。交管部门所做的工作，在法庭上往往都是需要机动车驾驶员一方承担举证责任的。案例中吴鹏的家属因为不同意进行尸检而导致吴鹏倒卧道路的原因无法查清，在诉讼过程中此问题也成为其一方与机动车一方承担同等责任的重要原因。

案例四

发生交通事故逃逸，保险公司应该担责吗？

李靖元[①]

案情回顾

唐正驾驶机动车与王艳驾驶的机动车相撞。事故发生后，唐正当场逃逸，王艳被路人送往医院进行救治。经交管部门认定，唐正驾驶机动车遇红灯继续通行的违法行为，与本起道路交通事故的发生有因果关系，是事故发生的（全部）原因。唐正驾驶机动车未悬挂机动车号牌，造成交通事故后逃逸，尚不构成犯罪的违法行为，与本起道路交通事故的发生没有因果关系，不是事故发生的原因。综上认定唐正负本次交通事故全部责任，王艳为无责任。唐正因本次交通事故承担了相应的刑事责任。因双方协商未果，王艳遂将唐正、保险公司起诉至法院，要求唐正、保险公司共同赔偿其医疗费、住院伙食补助费、伤残赔偿金、营养费等各项损失。

一审法院经审理后认为，交管部门认定唐正承担全部责任。因肇事车辆在保险公司投保了交强险、第三者责任商业保险（以下简称商业三者险）并有不计免赔，故王艳因此次交通事故所受到的损失，由保险公司在交强险责任限额范围内予以赔偿，不足的部分由保险公司商业三者险范围内按照责任比例（100%）承担赔偿责任。此外，一审法院对王艳主张的医疗费、营养费、护理费、住院伙食补助费等费用一并作出认定。

保险公司不服一审判决，提起上诉。保险公司认为，根据事故责任认定书所载，唐正因驾驶未悬挂车辆号牌、闯红灯、超速以及交通事故发生后肇事逃逸，从而承担交通事故的全部责任。同时唐正的逃逸行为属于《机动车第三者责任保险条款》责任免除第二十四条第二款第一项的免责事由，因此

① 北京市第二中级人民法院法官助理。

保险公司不应承担商业三者险的赔偿责任。

二审法院经审理认为，保险公司二审提交了商业三者险的保险合同，其中第二十四条明确载明了事故发生后，在未依法采取措施的情况下驾驶被保险机动车或者遗弃被保险机动车离开事故现场，保险人不负责赔偿。故保险公司系将肇事逃逸这一法律禁止性规定作为免责条款，且上述免责条款的内容已进行了加黑加粗的标注，依据法律规定，应视为保险公司已对上述免责条款作出了提示。现唐正以自己不清楚保险条款的规定为由主张由保险公司承担责任，缺乏依据。王艳主张保险公司未履行明确说明义务，免责条款无效，该主张不符合法律规定。王艳要求保险公司在商业三者险范围内承担赔偿责任，缺乏事实依据，不应予以支持。保险公司的上诉主张于法有据，法院予以支持。

法理分析

根据《最高人民法院关于适用〈中华人民共和国保险法〉若干问题的解释（二）》第十条规定，保险人将法律、行政法规中的禁止性规定情形作为保险合同免责条款的免责事由，保险人对该条款作出提示后，投保人、被保险人或者受益人以保险人未履行明确说明义务为由主张该条款不生效的，人民法院不予支持。

本案中，商业三者险的保险合同明确载明了事故发生后，在未依法采取措施的情况下驾驶被保险机动车或者遗弃被保险机动车离开事故现场，保险人不负责赔偿。肇事逃逸属于法律禁止性规定，且上述免责条款的内容已进行了加黑加粗的标注，因此依据法律规定，应视为保险公司已对上述免责条款作出了提示，保险公司主张应根据该免责条款在商业三者险范围内不承担赔偿责任是具有法律依据的。王艳认为保险公司并未履行明确说明义务，免责条款应属无效，但该主张并不符合相关法律规定。唐正认为其不清楚保险条款的规定，但免责条款以加黑加粗的方式已经进行了标注，且唐正在事发后具有逃逸之情形，因此其主张是不能成立的。

知识拓展

（一）发生肇事逃逸，保险公司是否应在商业三者险范围内赔偿？

对于肇事车辆投保商业三者险的，保险合同中保险人与被保险人的权利义务由双方协商确定。一般来说，保险公司会在免责条款中规定一些其免除责任承担的情形，如在发生交通事故后逃逸，保险公司在商业三者险范围内不予赔偿。因肇事逃逸后免责条款并不违反我国法律规定，也有加大逃逸者的违法成本从而促进其遵纪守法的导向作用，保险人可依据合同条款免予赔偿。

（二）保险人对保险合同中免责条款的提示和说明义务

为了控制风险，保险人一般会在拟定的合同的承保范围内规定免责条款，在免责条款约定的情形下保险人不承担保险责任。保险人未尽提示和说明义务的，依据保险法的相关规定，该免责条款不产生效力。一般而言，保险人会在需要引起投保人注意的地方用加粗、加黑字体，加大字号等醒目的方式特别标识，用以区别其他条款内容或由投保人对免责条款的部分内容进行签字确认，以此方式对免责条款尽到提示和说明义务。投保人应充分了解免责条款内容后再进行签字确认，如果未对免责条款内容充分理解而签字确认，在发生交通事故后，保险公司可能会依据免责条款的相关内容减少赔偿数额或不予赔偿。

（三）保险公司及侵权人的责任承担

根据《民法典》第一千二百一十三条规定，机动车发生交通事故造成损害，属于该机动车一方责任的，先由承保机动车强制保险的保险人在强制保险责任限额范围内予以赔偿；不足部分，由承保机动车商业保险的保险人按照保险合同的约定予以赔偿；仍然不足或者没有投保机动车商业保险的，由侵权人赔偿。根据《最高人民法院关于审理道路交通事故损害赔偿案件适用法律若问题的解释》第十三条规定，同时投保机动车第三者责任强制保险和第三者责任商业保险的机动车发生交通事故造成损害，当事人同时起诉侵权人和保险公司的，人民法院应当依照民法典第一千二百一十三条的规定，确定赔偿责任。从以上司法解释可以看出，在同时投保交强险和商业三者险的机动车发生交通事故造成损害的情况下，赔偿主体的赔偿顺序如下：先是由承保交强险的保险公司赔偿，不足部分，由承保商业三者险的保险公司赔偿，仍有不足的，再由赔偿义务人赔偿。同时赔偿权利人还可以针对精神损失与财产损失的赔偿先后顺序进行选择。例如，肇事车辆投保了交强险及商业三者险 30 万元，在发生交通事故后，肇事车辆被交管部门认定负事故全部责任。交通事故造成被侵权人的损失总数额是 60 万元，那么先由承保交强险的保险公司在交强险责任限额范围内赔偿 20 万元，超出的 40 万元由承保商业三者险的保险公司根据保险合同约定在 30 万元的保险金额内予以赔偿，剩余的 10 万元由侵权人予以赔偿。

（四）伤残赔偿金的计算方式

在发生交通事故后，如果被侵权人经鉴定为伤残，那么就会涉及伤残赔偿金的问题。《最高人民法院关于审理人身损害赔偿案件适用法律若干问题的解释》第十二条规定："残疾赔偿金根据受害人丧失劳动能力程度或者伤残等级，按照受诉法院所在地上一年度城镇居民人均可支配收入或者农村居民人均纯收入标准，自定残之日起按二十年计算。但六十周岁以上的，年龄每增加一岁减少一年；七十五周岁以上的，按五年计算……"残疾赔偿金具体的计算方式为：受诉法院所在地上一年度城镇居民人均可支配收入或者农村居民人均纯收入标准 ×20 年（60 岁以上年龄每增加一岁减少一年；75 周岁以上的，按 5 年计算）× 伤残指数。例如，张文驾驶小轿车与杨雄驾驶的电动车发生碰撞，道路交通事故责任认定书载明张文负事故主要责任，杨雄无责任。交通事故造成杨雄受伤，张文的违法行为不构成犯罪。因双方未能达成一致意见，杨雄将张文诉至法院，要求张文赔偿其损失。经查，杨雄长期居住在城镇，其收入来源于事业单位。经司法鉴定机构鉴定，杨雄为九级伤残（致残率 20%），事故发生时其已满 62 周岁。根据杨雄的以上情况，残疾赔偿金的计算方式应为：受诉法院所在地上一年度城镇居民人均可支配收入 ×18×20%。

此外，需要说明的是，根据《最高人民法院关于授权开展人身损害赔偿标准城乡统一试点的通知》的要求，目前全国许多省已经对开展人身损害赔偿标准城乡统一开始了试点工作。以北京为例，2020 年 3 月 24 日北京市高级人民法院发布了《关于开展人身损害赔偿纠纷案件统一城乡居民赔偿标准试点工作的通知》(以下简称《通知》),《通知》规定，全市法院受理的侵权行为发生于 2020 年 4 月 1 日（含本日）后的机动车交通事故责任纠纷案件、交通肇事刑事案件的附带民事诉讼案件不再区分城镇居民与农村居民，试行按统一赔偿标准计算残疾赔偿金、死亡赔偿金及被扶养人生活费（被扶养人生活费计入残疾赔偿金或死亡赔偿金）：残疾赔偿金、死亡赔偿金按照北京市上一年度全市居民人均可支配收入标准计算。被扶养人生活费按照北京市上一年度全市居民人均消费性支出标准计算。由以上内容可知，侵权行为发生于 2020 年 4 月 1 日（含本日）后的机动车交通事故责任纠纷案件、交通肇事刑事案件的附带民事诉讼案件中在计算残疾赔偿金、死亡赔偿金及被扶养人生活费时，不再对城镇居民人均可支配收入和农村居民人均纯收入以及城镇居民人均消费性支出和农村居民人均消费性支出进行区分。

普法提示

（一）机动车驾驶方应充分尽到谨慎驾驶的义务

随着经济的发展和人民群众生活水平的日益提高，驾驶机动车已成为我们出行代步的重要方式。然而机动车的增加会导致交通事故多发、易发，带来一定的交通风险。为避免悲剧的发生，一方面，驾驶机动车的一方应当严格遵守交通规则，充分尽到谨慎注意的义务。另一方面，在交通事故发生后，应尽量通过协商的方式解决争议。机动车驾驶方在事发后切不可“溜之大吉”，否则将面临更为严重的法律后果。

（二）注意保险合同中格式条款无效的情形

根据《保险法》第十九条规定，采用保险人提供的格式条款订立的保险合同中的下列条款无效：（一）免除保险人依法应承担的义务或者加重投保人、被保险人责任的；（二）排除投保人、被保险人或者受益人依法享有的权利的。保险条款不能违反法律的强制性规定，否则该条款即使是保险人尽到了提示说明义务，也会因其违反法律的强制性规定而无效。

（三）交通事故后逃逸所应承担的责任

《道路交通安全法实施条例》第九十二条规定："发生交通事故后当事人逃逸的，逃逸的当事人承担全部责任。但是，有证据证明对方当事人也有过错的，可以减轻责任。当事人故意破坏、伪造现场、毁灭证据的，承担全部责任。"由于当事人逃逸导致事故现场遭到破坏，因此交管部门难以认定事故责任，在该种情形下首先推定其具有过错，承担事故的全部责任。若有证据证明对方当事人也有过错的，才可以减轻其责任。该规定在一定程度上加重了逃逸者的举证责任。

《道路交通安全法》第九十九条规定，有下列行为之一的，由公安机关交通管理部门处二百元以上两千元以下罚款：（一）未取得机动车驾驶证、机动车驾驶证被吊销或者机动车驾驶证被暂扣期间驾驶机动车的；（二）将机动车交由未取得机动车驾驶证或者机动车驾驶证被吊销、暂扣的人驾驶的；（三）造成交通事故后逃逸，尚不构成犯罪的；（四）机动车行驶超过规定时速百分之五十的；（五）强迫机动车驾驶人违反道路交通安全法律、法规和机动车安全驾驶要求驾驶机动车，造成交通事故，尚不构成犯罪的；（六）违反交通管制的规定强行通行，不听劝阻的；（七）故意损毁、移动、涂改交通设施，造成危害后果，尚不构成犯罪的；（八）非法拦截、扣留机动车辆，不听劝阻，造成交通严重阻塞或者较大财产损失的。行为人有前款第二项、第四项情形之一的，可以并处吊销机动车驾驶证；有第一项、第三项、第五项至第八项情形之一的，可以并处十五日以下拘留。以上法律规定了发生交通事故后，在尚不构成犯罪的情况下肇事者因逃逸应受到的行政处罚，即由公安机关交通管理部门处 200 元以上 2000 元以下罚款，并可处 15 日以下拘留。

《道路交通安全法》第一百零一条规定，违反道路交通安全法律、法规的规定，发生重大交通事故，构成犯罪的，依法追究刑事责任，并由公安机关交通管理部门吊销机动车驾驶证。

造成交通事故后逃逸的，由公安机关交通管理部门吊销机动车驾驶证，且终生不得重新取得机动车驾驶证。在发生重大交通事故，构成犯罪的情形下，不仅要承担相应的刑事责任，还要面临吊销机动车驾驶证的行政处罚。特别是在该种情形下逃逸，则要面临终生不得重新取得机动车驾驶证的严厉处罚。

因交通事故后逃逸造成的社会危险性很大，刑法中对发生交通事故后逃逸也作出了更为严厉的处罚。发生交通事故后，要及时报警，保护现场，若有人受伤，应及时送医就诊，切勿为躲避处罚而选择逃离现场。

案例五

无交通事故责任认定书，法院如何认定责任？

张科[1]

案情回顾

某日，王丽丽驾驶小轿车由南向北行驶时与骑自行车的张萍萍发生碰撞，造成张萍萍受伤，两车损坏。事故发生后，张萍萍被送往医院住院治疗，花费医疗费30万元。司法鉴定所出具了司法鉴定意见书，认定张萍萍双侧累计8根肋骨骨折属十级伤残；左腕关节功能障碍属十级伤残。

经查验，事发道路为南北走向与向东走向道路形成的“T”字交叉路口，为机非混行道路，路口无交通信号灯控制。交警支队针对此次事故作出了道路交通事故证明，载明因无法确定张萍萍事故发生时的状态，导致道路交通事故成因无法查清。

张萍萍诉至法院称，要求王丽丽承担事故全部责任，请求判令王丽丽赔偿医疗费300000元、住院伙食补助费16600元、营养费8300元、护理费37830元、残疾赔偿金131052.60元、鉴定费2450元、精神损害抚慰金15000元、残疾辅助器具费2610元、交通费5000元、财产损失1000元、住院用品费8854.64元。

王丽丽辩称，张萍萍骑自行车由东往西行驶，当时自己有鸣笛，且车速不快。后因躲闪不及发生本次事故。张萍萍骑自行车应当是要转弯，因自己为直行，故张萍萍应当避让车辆，但是张萍萍直接将车骑到了路中间。张萍萍对此存在过错，应当承担相应责任。

一审法院经审理后认为，在通过没有交通信号灯的交叉路口时，机动车驾驶人应当减速慢行，非机动车驾驶人亦应当在确认安全后通过。根据庭审

[1] 北京市第二中级人民法院法官助理。

中查明的情况，事发地为一南北走向道路与向东道路形成的“T”字路口，该路口无信号灯控制，故张萍萍及王丽丽在通过时均应当尽到注意义务。本案中，王丽丽驾驶机动车通过路口时未能减速，对此存在过错。而张萍萍在骑自行车通过路口时，未能在确认安全的情况下再行转弯，对此张萍萍亦存在过错。因交通管理部门未对本起事故责任作出认定，法院综合双方过错等因素认为王丽丽及张萍萍应分别承担事故主要责任和次要责任，并认定王丽丽应对张萍萍的各项合理损失承担60%的赔偿责任。

一审判决后，张萍萍不服上诉，主张《道路交通事故证明》不应作为本案定案的唯一依据，应结合案发现场的情况综合分析，事发时张萍萍系由南向北正常行驶，而非一审法院认定的转弯行驶，要求二审改判王丽丽承担全部赔偿责任。

二审法院经审理后认为，《道路交通安全法》第七十六条规定，机动车与非机动车驾驶人、行人之间发生交通事故，非机动车驾驶人、行人没有过错的，由机动车一方承担赔偿责任；有证据证明非机动车驾驶人、行人有过错的，根据过错程度适当减轻机动车一方的赔偿责任；机动车一方没有过错的，承担不超过百分之十的赔偿责任的规定。王丽丽作为驾驶机动车一方主张减轻自己一方赔偿责任应就张萍萍一方存在过错承担举证责任，而在本案中交通管理部门未认定张萍萍的事故责任，王丽丽亦未有证据证明张萍萍作为非机动车一方在此次事故中有过错，故依据法律规定，作为机动车一方的王丽丽应对非机动车一方的张萍萍承担全部赔偿责任。

法理分析

（一）交通事故认定书的法律性质是证据

《道路交通安全法》第七十三条规定：“公安机关交通管理部门应当根据交通事故现场勘验、检查、调查情况和有关的检验、鉴定结论，及时制作交通事故认定书，作为处理交通事故的证据。交通事故认定书应当载明交通事故的基本事实、成因和当事人的责任，并送达当事人。”由此可见，交通事故认定书是公安交通管理部门通过对交通事故现场勘察、技术分析和有关检验、鉴定结论，分析查明交通事故的基本事实、成因和当事人责任后所作的技术性结论，是具有专门知识的人员根据一定的专业技能按照一定的原则和方法，通过分析与论证来确定当事人是否应当承担一定责任的公文书证，属于证据的一种。

（二）交通事故认定书并非确定民事赔偿责任的唯一依据

2003 年全国民事审判工作座谈会指出，法院在审理交通事故损害赔偿案件时，要正确对待公安交通管理部门的责任认定。公安交通管理部门实际上是对交通事故因果关系的分析，是对交通事故原因的确认。要避免将公安交通管理部门的责任认定简单等同于民事责任的分担，应将其作为认定当事人承担责任或者确定受害人一方也有过失的重要证据资料。《最高人民法院关于审理道路交通事故损害赔偿案件适用法律若干问题的解释》第二十七条明确规定：“公安机关交通管理部门制作的交通事故认定书，人民法院应依法审查并确认其相应的证明力，但有相反证据推翻的除外。”

如前所述，交通事故认定书是证据的一种，法院在审理交通事故案件时应依证据规则审查交通事故责任认定书的效力性及证明力，经查证属实的，可以作为定案依据；查证不实、不合法的，则不予采信。

交通事故责任认定适用的法律依据主要包括《道路交通安全法》第七十三条、《道路交通安全法实施条例》第九十一条、《道路交通事故处理程序规定》第五十条等规定，交管部门依据事故双方在交通事故中有无违章行为及该违章行为与事故损害后果间的因果力大小作出责任认定。

（三）机动车交通事故损害赔偿纠纷的归责原则

机动车交通事故一般分机动车与机动车之间的交通事故、机动车与非机动车或行人之间的交通事故等情况。《道路交通安全法》第七十六条就上述两种情况分别作出了明确的规定。

第七十六条第一款第一项规定，机动车之间发生交通事故的，由有过错的一方承担赔偿责任；双方都有过错的，按照各自过错的比例分担责任。对于机动车之间的交通事故应适用过错责任原则，法院应根据事故双方的车辆性能、造成危险局面的成因、危害回避能力的大小、造成损害后果的原因等具体情况，综合判定双方的责任大小确定双方事故责任。

第七十六条第一款第二项规定，机动车与非机动车驾驶人、行人之间发生交通事故，非机动车驾驶人、行人没有过错的，由机动车一方承担赔偿责任；有证据证明非机动车驾驶人、行人有过错的，根据过错程度适当减轻机动车一方的赔偿责任；机动车一方没有过错的，承担不超过百分之十的赔偿责任。对于机动车与非机动车、行人之间的交通事故适用过错推定原则，即如机动车车主或驾车人不能证明损害的发生自己没有过错，就从损害事实的本身推定加害人在致人损害的行为中有过错，并为此承担相应的赔偿责任。但若有证据证明非机动车驾驶人、行人存在过错，根据过失相抵原则，机动车驾驶人可主张减轻责任。

知识拓展

（一）道路交通事故证明的性质

交通事故发生后，交管部门应当根据当事人的行为对发生道路交通事故所起的作用以及过错的严重程度，确定当事人的责任。按照过错程度不同，事故责任可划分为全部责任、主要责任、次要责任、同等责任及无责任，但不排除无法区分责任的情形存在。《道路交通事故处理程序规定》第五十条便规定："道路交通事故成因无法查清的，公安机关交通管理部门应当出具道路交通事故证明，载明道路交通事故发生的时间、地点、当事人情况及调查得到的事实，分别送达当事人。"

根据上述规定可知，虽然道路交通事故证明未能就事故的成因和责任的划分作出认定，但是该证明依然就事故发生的基本事实进行了记述，其与交通事故认定书一样，属于证据的一种。法院仍可以通过收集与事故相关的现场勘查笔录、事故现场图、事故现场照片、车辆检验报告、询问笔录等证据材料，符合日常生活经验法则，适当运用推定，正确分配举证责任，适当认定事故责任。

（二）不服交通事故认定书的救济途径

道路交通事故认定书记载的事故责任以及事实，对民事责任、行政处罚甚至刑事责任追究都有重要意义。那么，如果当事人对认定书记载的内容不服，该如何获得救济呢？

1. 行使交通事故认定书异议权

《道路交通事故处理程序规定》第七十一条规定，当事人对道路交通事故认定或者出具道路交通事故证明有异议的，可以自道路交通事故认定书或者道路交通事故证明送达之日起三日内提出书面复核申请。当事人逾期提交复核申请的，不予受理，并书面通知申请人。复核申请应当载明复核请求及其理由和主要证据。同一事故的复核以一次为限。

上一级公安机关交通管理部门认为原道路交通事故认定事实清楚、证据确实充分、适用法律正确、责任划分公正、程序合法的，应当作出维持原道路交通事故认定的复核结论。上一级公安机关交通管理部门认为调查及认定程序存在瑕疵，但不影响道路交通事故认定的，在责令原办案单位补正或者作出合理解释后，可以作出维持原道路交通事故认定的复核结论。上一级公安机关交通管理部门认为原道路交通事故认定有下列情形之一的，应当作出责令原办案单位重新调查、认定的复核结论：（1）事实不清的；（2）主要证据不足的；（3）适用法律错误的；（4）责任划分不公正的；（5）调查及认定违反法定程序可能影响道路交通事故认定的。上一级公安机关交通管理部门作出责令重新调查、认定的复核结论后，原办案单位应当在十日内依照本规定重新调查，重新作出道路交通事故认定，撤销原道路交通事故认定书或者原道路交通事故证明。重新调查需要检验、鉴定的，原办案单位应当在检验报告、鉴定意见确定之日起五日内，重新作出道路交通事故认定。重新作出道路交通事故认定的，原办案单位应当送达各方当事人，并报上一级公安机关交通管理部门备案。

2. 在民事诉讼中提出异议

因道路交通事故认定书属于证据的一种，因此在民事诉讼中，如果当事人对交通事故认定书有异议的，一方面可以从交通事故认定书所依据的事实不清、主要证据不足、适用法律错误、责任划分不公正、调查及认定违反法定程序的角度提出质疑，结合民事诉讼中对证据真实性、合法性、关联性质证意见，达到削弱其证明力的目的。另一方面可以提交相反的证据或理由推翻交通事故认定书。如果有相反的证据或充足的理由足以推翻该证据的，达到消除其证明力的目的，使其不能发挥证据效力。

（三）过错推定原则

过错推定原则属于过错责任原则的一部分，是过错责任原则适用中的一种特殊情形。但在适用上与一般的过错责任原则有明显不同。发生损害后，首先推定行为人有过错，同时给予其举证证明自己没有过错以及对方有过错的机会，如果能够证明自己没有过错的，可以免除责任。不能证明自己没有过错的，就要承担损害赔偿责任。过错推定责任与一般过错责任的最大不同就是采用了举证责任倒置的方法。

在交通运行中，机动车与非机动车、行人相比，机动车危险性的大小以及危险回避能力显然占据优势，那么自然应赋予机动车对道路交通更重的注意义务。一旦发生交通事故，在等同的情况下，推定机动车一方存在过错、赔偿责任符合公平原则。

普法提示

在现实生活中，尤其是在农村、山区，仍大量存在无信号灯、无监控的道路，一旦在此类道路上发生交通事故，交管部门往往无法作出交通事故责任认定书的可能性更大，对于事故处理、保险理赔等会造成一些不必要的麻烦。因此，机动车和行人在经过农村、山区公路等通行条件并不十分完善的道路时要更加谨慎行驶，时刻绷紧安全这根弦。

机动车和行人、非机动车之间发生交通事故时，适用举证责任倒置，由机动车一方就行人、非机动车存在过错承担举证责任，一旦举证不能，则要承担全部赔偿责任。因此，对于机动车一方而言，一旦发生事故，应及时停车报警，通过摄像、拍照等方式固定如道路状况、照明情况以及轮胎拖印、车辆或受害人位置等相应证据，并如实全面地告知交警相关情况。对于行人、非机动车一方，虽然在交通事故中，机动车造成非机动车或者行人损害的，实行无过错责任赔偿原则，但非机动车、行人一方也并不是就不承担任何举证责任，就特定事项如自身受损害程度、要求赔偿数额多少的有关证据等，受害人仍然负有举证责任。

任何人因自己的过失致他人损害，应向他人负赔偿责任；同时，任何人因自己的过失致自己损害，亦应由自己负担该项损害。现行《道路交通安全法》对非机动车、行人违反交通安全的处罚较轻，相应违法成本较低，应进一步完善立法提高违法成本，促使非机动车、行人认识到遵守交通法律、法规的重要性，从而做到主动守法。对于机动车而言，可引入惩罚性赔偿，除了判定侵权人给付补偿性的赔偿金外，还应判定其给付超过被侵权人实际损失的惩罚性赔偿金，以此有效增强司机的谨慎注意义务，从而减少交通事故的发生。

案例六 搭顺风车发生事故，司机需要担责吗？

毕凤敏①

案情回顾

王某搭乘郝某的车辆同去内蒙古参加活动，在返程过程中，郝某驾驶的车辆与李某驾驶的车辆发生碰撞，造成搭乘人王某受伤。经交通管理部门认定，李某存在驾驶机动车未按规定让行的违法行为，该行为与本起交通事故发生有因果关系。郝某存在驾驶机动车超速行驶的违法行为，该行为与本次交通事故发生有因果关系；确定李某与郝某承担同等责任，王某无责任。后王某被送往医院就医，各方因赔偿问题产生纠纷诉至法院。

一审法院经审理认为，本次事故发生在郝某无偿搭载王某参加活动返程途中，郝某驾驶的车辆系自用而非商业运营，其搭载王某非以谋利为目的，因此王某与郝某之间符合好意同乘之情形。双方虽系好意同乘关系，但郝某无偿施惠让王某免费搭乘机动车并不意味着王某甘愿冒一切风险，亦不意味着郝某无须承担任何民事赔偿责任。作为机动车驾驶员，郝某在驾驶车辆时对好意同乘者负有高度安全注意义务，即其应按照道路交通安全法律、法规的规定，合理安全地操作车辆，以保障自身和同乘人的人身、财产安全。即使在无偿搭载的过程中，也不能减轻驾驶者对他人生命安全的注意义务。因郝某在本次事故中无故意或者重大过失，且王某作为好意同乘行为的受益人，根据公平及权利义务相一致的原则，应当减轻郝某的赔偿责任比例。

另查，李某投保交强险及商业三者险，商业三者险限额为100万元，含不计免赔，事故发生在保险期限内。郝某仅投保交强险。此外，根据交通管理部门的认定，本次事故中李某与郝某承担事故同等责任，王某无责任。综

① 北京市第二中级人民法院法官助理。

上，一审法院认定，李某与郝某的保险公司在交强险范围内赔偿王某的合理损失，超出部分，由李某承担50%的民事赔偿责任，由郝某承担30%的民事赔偿责任。

一审判决作出后，王某与郝某不服上诉。二审法院认为，王某与郝某之间符合好意同乘之情形，在此情形下搭乘人享有免费搭乘车辆而不支付对价的权利，驾驶人负有安全驾驶的义务却不享有获得对价的权利，考虑到权利与义务相一致的基本原则以及司法对互帮互助和谐人际关系的激励作用，一审法院适当减轻驾驶人郝某的民事赔偿责任并无不当。

法理分析

日常生活中，顺路捎带朋友、同事的好意同乘行为较为常见，这种免费搭乘、共享出行的良好社会风尚值得肯定，但是交通安全风险如何分担以及发生交通事故时赔偿责任如何认定亦需要司法作出利益衡量与价值判断。司法实践中好意同乘类案件中的争议焦点主要集中在两个方面：第一，好意同乘发生交通事故造成无偿搭乘人受伤，机动车驾驶人是否构成侵权行为。第二，如认定机动车驾驶人构成侵权行为，是否应当减轻其赔偿责任。

（一）机动车驾驶人是否构成侵权行为？

一般侵权行为的构成要件包括加害行为、主观过错、损害后果以及因果关系。具体到前文案例中，机动车驾驶人郝某与李某的交通违法行为造成搭乘人王某受伤的损害后果，而机动车驾驶人郝某负有安全驾驶的注意义务，其交通违法行为具有主观过错，且其交通违法行为与王某的损害后果存在一定因果关系，即郝某的行为符合一般侵权行为的构成要件，其对王某构成侵权行为。在认定好意同乘机动车驾驶人是否构成侵权行为时并不需要考虑其是否收取了搭乘对价，即好意同乘行为并非侵权行为成立的阻却事由。

但需要注意的是，实践中存在为数不少无法判定事故原因的单方交通事故。如在机动车驾驶人正常行驶过程中，机动车突然爆胎导致机动车撞上护栏，造成无偿搭乘人受伤，而交通管理部门根据案件情况无法认定事故原因，机动车驾驶人据此主张爆胎系意外事件，不属于侵权行为，对无偿搭乘人的合理损失不应承担赔偿责任。对此，司法实践中仍存在一定争议。一种观点认为，此种属于意外事件，机动车驾驶人无侵权行为，不应承担侵权责任。另一种观点认为，机动车驾驶人对所驾驶车辆的性能状态负有安全注意义务，如未合理履行安全注意义务造成爆胎引发交通事故，机动车驾驶人构成侵权行为，应当承担侵权责任。

（二）机动车驾驶人是否应当减轻赔偿责任？

好意同乘发生的交通事故与一般交通事故在侵权行为构成要件存在外观一致，但其包含的社会价值需要法律作出衡量与判断。好意同乘最重要的特征在于其无偿性，即机动车驾驶人负有将搭乘人安全送达目的地的义务但不享有获得对价的权利。这种行为符合我国道德规范所提倡的友爱互助理念，体现了互帮互助的社会良好风尚，更有利于和谐社会的构建，《民法典》给予好意同乘驾驶人减轻赔偿责任的肯定答复亦是对此种行为的激励。但需注意的是，这种肯定是有限制的，如机动车驾驶人因故意或者重大过失造成无偿搭乘人受伤，则不适用减轻赔偿责任的规定。

知识拓展

（一）关于好意同乘的认定

认定好意同乘需要满足《民法典》第一千二百一十七条规定的以下要件：（1）搭乘工具的限定。该条款将搭乘工具限定为“非营运机动车”，符合社会生活中搭乘家庭自用车辆的常见情形。但值得思考的是，“无偿”是否必须以“非营运”为前提？登记的营运机动车在非营运时间（出租车司机下班以后）无偿搭乘他人是否可以认定“非营运机动车”？（2）主体的特定性。好意同乘中一方主体为无偿搭乘人，另一方主体为机动车使用人，即实际驾驶人。如在两车相撞中的交通事故中，本车搭乘人为无偿搭乘人，本车的驾驶人可以适用好意同乘的规定减轻对无偿搭乘人的赔偿责任，但他车的驾驶人因与搭乘人不存在好意同乘关系，故不能适用好意同乘的规定减轻对无偿搭乘人的赔偿责任。（3）好意性和无偿性。机动车驾驶人出于情谊上的帮助，本质是一种互帮互助的“好意”，具体表现为搭乘机动车的无偿性。如“同乘”是其他目的的实现手段或者组成部分则一般不构成好意同乘，如中介带租客看房而提供免费看房车、商场安排车辆接送顾客进行购物等。

（二）关于好意同乘的归责

《民法典》第一千二百一十七条规定，好意同乘发生交通事故造成无偿搭乘人损害，属于该机动车一方责任的，应当减轻其赔偿责任，但是机动车使用人有故意或者重大过失的除外。根据该条款的规定，好意同乘发生交通事故时机动车驾驶人与无偿搭乘人之间的归责原则为过错原则，即机动车驾驶人对无偿搭乘人因交通事故所受损害存在过错的才需要承担赔偿责任，且应当减轻赔偿责任。司法实践中，一般根据公安机关交通管理部门制作的交通事故认定书认定交通事故参与人的过错，但有相反证据推翻交通事故认定书的除外。

（三）关于故意或者重大过失的认定

《民法典》第一千二百一十七条规定了好意同乘发生交通事故时机动车驾驶人减轻赔偿责任的除外情形，即机动车驾驶人有故意或者重大过失。但何种情形属于法定的故意或者重大过失呢？一般而言，故意是指行为人明知其行为会发生侵害他人民事权益的后果，仍有意为之的一种主观心理状态。司法实践中，机动车交通事故责任纠纷的行为人主观状态多为过失，但依据过失的程度，一般分为重大过失、一般过失、具体过失。其中，重大过失是程度最为严重的一类过失，是指行为人未尽到最普通人的注意义务，即连一般普通人能尽到的注意义务都未尽到。

有部分判例认为，公安机关交通管理部门制作的交通事故认定书载明了机动车驾驶人的具体过错程度，如全部责任、主要责任、同等责任、次要责任以及无责任等，故参考交通事故认定书的过错程度认定民事过错程度，如全部责任、主要责任则认定机动车驾驶人存在重大过失，如同等责任、次要责任则认定机动车驾驶人为一般过失，进而判断机动车驾驶人是否适用减轻赔偿责任的规定。也有的判例认为，公安机关交通管理部门制作的交通事故认定书关于责任的认定一般是从事故发生的原因分析，不同于民事侵权中的过失认定，且在单方事故中，一般机动车驾驶人负全部事故责任，不应仅以责任认定确定过错程度，而应在责任认定的基础上考虑具体交通违法行为，如并非无证驾驶、酒驾、醉驾等违反《道路交通安全法》的严重行为，一般不宜认定为重大过错。

普法提示

好意同乘本为免费搭乘、共享出行的社会良好风尚，但社会公众对于机动车驾驶的危险性往往存在一定程度的忽视，防范不当则会导致“好心办了坏事”。

（一）机动车驾驶人应尽到安全注意义务

好意同乘情形下，机动车驾驶人虽并未收取对价，但仍负有安全谨慎驾驶的注意义务，并不因搭乘人的无偿性，而需要搭乘人自行承担因机动车驾驶人的过错所产生的交通风险。同时，机动车驾驶人可以尽量提示搭乘人注意自身安全，不做存在安全隐患的危险行为，特别是无偿搭乘人为儿童、老人、孕妇等需要特殊关照的群体时，更应防范意外事故发生。

（二）无偿搭乘人应提高自身安全意识

基于机动车驾驶人的善意行为，搭乘人享受了无偿搭乘的便捷，其作为自身财产及人身安全的第一责任人，应当提高自身安全意识，如上车后系好安全带，不将身体探出车外等。同时应当保证不对机动车驾驶人的正常驾驶产生干扰。例如，好意同乘一般为熟人之间，但车上聊天说笑容易分散机动车驾驶人的注意力，导致在危险出现时机动车驾驶人无法及时应对。

案例七

出借电动自行车发生交通事故，出借人应该担责吗？

李政[①]

案情回顾

一天下午，高美骑行自行车与骑电动自行车的郝帅相撞，事故导致高美受伤，两车受损。经交通管理部门认定，郝帅存在逆行的交通违法行为，应负事故全部责任。经调查了解，事发时，郝帅正在外卖送餐，其所骑电动自行车是其好友方斌借给他的，事发时方斌亦乘坐在电动车后座。

高美认为事发时郝帅是专门为方斌送餐，方斌与郝帅存在雇佣关系，故二人应对自己的损失承担连带赔偿责任，但没有相关证据佐证。因各方对本案赔偿事宜协商未果，高美诉至法院，请求判令郝帅、方斌连带赔偿其医疗费、残疾辅助器具费、误工费、交通费、营养费、精神损害抚慰金、残疾赔偿金、护理费、鉴定费等各项费用。

一审法院经审理后认为，高美与郝帅发生交通事故造成高美受伤，该起事故经交通管理部门认定郝帅负全部责任。高美主张方斌系郝帅的雇主，事发时郝帅为方斌送餐，但未提交充分证据予以证明，故对高美主张不予支持。法院认定郝帅应对高美的损失承担全部赔偿责任，并结合在案事实及相关法律规定，对高美各项损失数额予以确认。

一审判决作出后，高美不服，提起上诉，请求依法改判郝帅、方斌承担连带损害赔偿责任。

针对高美上诉请求，方斌辩称事发时自己只是坐车的，与郝帅不存在雇佣关系，故不应承担连带赔偿责任。

---

① 北京市第二中级人民法院法官助理。

二审法院经审理认为，高美主张交通事故发生时郝帅正在为方斌送餐，方斌亦应对其损失承担责任，对此高美应举证证明。现高美未能提供充分证据对其上述雇佣关系之主张予以证明，故应承担举证不能的法律后果。高美该项上诉理由，依据不足，法院不予采纳。

但基于在案证据，方斌为涉事电动车的实际所有人和管理人，且事发时方斌就乘坐在郝帅所驾电动车后方，其乘坐电动车的行为加剧了车辆行驶的不稳定性和撞击力。结合方斌对该车辆的支配管理和同乘事实，事发之时方斌虽不是事故车辆的实际驾驶人员，但其出借电动车给郝帅使用并乘坐电动车上路，且放任郝帅驾车逆行，方斌对案涉事故的发生亦存在过错及责任。综合考虑郝帅、方斌各自行为及过错程度，二审法院改判郝帅对高美的损失承担70%的赔偿责任，方斌对高美的损失承担30%的赔偿责任。因高美对一审法院确定的其各项费用数额未提出上诉及异议，法院予以确认，并在上述各项费用金额范围内确定郝帅、方斌于各自责任比例应承担的具体赔偿数额。

法理分析

（一）法律依据

生活中，常会出现机动车所有人、管理人与使用人分离的情况，如将车辆租赁或出借给他人，一旦发生交通事故，应由哪个主体承担责任，需要确立一个基本原则。对此，《民法典》第一千二百零九条确立了基于租赁、借用等合意行为致使使用人与所有人、管理人分离时，认定机动车交通事故赔偿责任主体的一般原则，即“因租赁、借用等情形机动车所有人、管理人与使用人不是同一人时，发生交通事故造成损害，属于该机动车一方责任的，由机动车使用人承担赔偿责任；机动车所有人、管理人对损害的发生有过错的，承担相应的赔偿责任”。本条明确规定了使用人承担责任，所有人或管理人承担过错责任的归责原则，延续了原《侵权责任法》所有人与使用人责任承担的规定。

那么，在什么情形下能认定机动车所有人、管理人对损害的发生有过错呢？《最高人民法院关于审理道路交通事故损害赔偿案件适用法律若干问题的解释》第一条对此作了列举式规定，“机动车发生交通事故造成损害，机动车所有人或者管理人有下列情形之一，人民法院应当认定其对损害的发生有过错，并适用侵权责任法第四十九条的规定确定其相应的赔偿责任：（一）知道或者应当知道机动车存在缺陷，且该缺陷是交通事故发生原因之一的；（二）知道或者应当知道驾驶人无驾驶资格或者未取得相应驾驶资格的；（三）知道或者应当知道驾驶人因饮酒、服用国家管制的精神药品或者麻醉药品，或者患有妨碍安全驾驶机动车的疾病等依法不能驾驶机动车的；（四）其它应当认定机动车所有人或者管理人有过错的”。通过该条可以看出，所有人或管理人的过错主要体现在对车辆适驾性的管理义务及对使用人选任的注意义务。该条第一项系关于管理义务方面的过错，主要表现为负有管理义务的所有人或管理人应当确保机动车适合行驶，如果其知道或应当知道机动车存在缺陷，但疏于维护管理，使该缺陷造成损害的，应当承担侵权责任。该条第二项、第三项系关于对使用人选任方面的过错，主要包括知道或者应当知道驾驶人不具有驾驶资格或者驾驶人存在依法不能驾驶机动车的情形，仍然允许其使用车辆的，比如驾驶人未取得驾驶证、驾驶证被吊销、驾驶人饮酒、服用管制药品、患有妨碍安全驾驶的疾病等。

（二）理论分析

就机动车一方驾驶人、使用人与车辆管理人或所有人身份不一致时的侵权责任主体的认定，《民法典》第一千二百零九条已作出明确规定。根据该条规定，当机动车所有人和使用人相分离的情形下，发生事故时，由车辆使用人承担赔偿责任，车辆所有人对损害的发生有过错的，承担相应的赔偿责任。该条的法理基础主要为“风险开启理论”和“风险控制理论”，具体指开启、控制和支配某一“危险源”的人应该对该危险源对他人造成的损害承担责任。运行机动车对周围环境具有高度危险性，机动车的所有人、管理人和使用人均不同程度地影响该“危险源”，故均可能成为侵权责任的承担主体。机动车所有人将车辆出租或出借后，即丧失了对该车辆的实际控制力，而机动车的承租人或使用人，实际支配和控制车辆并享有运行利益，故车辆使用人系首要责任承担主体，机动车所有人仅在有过错的情形下承担相应责任。

该条文的适用情形仅限于“机动车”，对事故车辆为电动自行车的此类情形未予涉及。本案根据侵权法一般原理及相应法律规定、结合具体案情，对出借电动自行车的责任承担主体及具体责任承担方式进行了论证，对类案处理具有一定借鉴意义。

知识拓展

（一）非机动车之间发生交通事故的责任认定

我国《道路交通安全法》仅对至少一方为机动车情形下的事故责任承担作了规定，对非机动车之间发生交通事故的责任承担未作规定[①]。非机动车之间发生交通事故，如公安机关交通管理部门制作交通事故责任认定书的，一般以该认定书作为确定双方责任的主要依据；未制作交通事故责任认定书的，考虑到非机动车驾驶人之间为平等主体，不存在强弱分别及负有同等的路权和注意义务，实践中，通常适用过错责任原则确定非机动车之间发生交通事故的侵权责任。本案中，高美骑行的自行车与对向逆行的郝帅驾驶的电动自行车相撞，高美受伤。郝帅未遵守交通规则逆向行驶，负有过错，高美骑自行车正常通行没有过错，故法院依据过错责任原则结合交通管理部门的

① 《道路交通安全法》第七十六条：“机动车发生交通事故造成人身伤亡、财产损失的，由保险公司在机动车第三者责任强制保险责任限额范围内予以赔偿。超过责任限额的部分，按照下列方式承担赔偿责任：（一）机动车之间发生交通事故的，由有过错的一方承担责任；双方都有过错的，按照各自过错的比例分担责任。（二）机动车与非机动车驾驶人、行人之间发生交通事故的，由机动车一方承担责任；但是，有证据证明非机动车驾驶人、行人违反道路交通安全法律、法规，机动车驾驶人已经采取必要处置措施的，减轻机动车一方的责任。交通事故的损失是由非机动车驾驶人、行人故意造成的，机动车一方不承担责任。”

责任认定，认定郝帅承担事故全部责任。

（二）机动车所有人、管理人的归责原则

在机动车所有人、管理人与使用人因合法原因相分离的情形下，赔偿主体应如何认定？根据侵权法一般原理，车辆驾驶人作为侵权行为的直接实施者，应认定为责任主体自不待言。对于车辆所有人、管理人，从比较法上看，亦根据风险控制理论将其归为责任主体。但关于所有人、管理人的责任划分和责任形式，各国规定则大相径庭。其中，德国规定所有人、管理人对交通事故承担严格责任，驾驶人承担过错推定责任。法国规定所有人、管理人和驾驶人承担连带责任。[①]

原《侵权责任法》最初制定时，经历了所有人与使用人承担连带责任至使用人承担责任、所有人承担过错责任的转变，《民法典》第一千二百零九条延续了该规定。主要考虑以下两方面原因：一方面，根据危险控制理论，所有人、管理人为非驾驶人的情况下，不直接管控道路安全风险，无法控制驾驶人的注意义务，故对其仅在车辆管理及使用人选任等方面科以注意义务，其对损害发生的过错及原因力亦主要体现在对上述两项注意义务的违反上。另一方面，车辆所有人、管理人与驾驶人在侵权形态上并非共同侵权，不具有适用连带责任的法理基础，我国法律对此类情形亦无特别规定。基于以上考量，机动车所有人、管理人应承担按份责任，而非连带责任。

（三）对出借电动自行车发生交通事故的责任承担，可结合具体案情参照适用《民法典》第一千二百零九条精神

《民法典》第一千二百零九条是关于机动车所有人、管理人允许他人租借使用机动车，导致所有人、管理人与使用人分离时，发生交通事故的责任主体的规定，但对于租借非机动车发生交通事故的，责任主体为何，法律未

① 最高人民法院民法典贯彻实施工作领导小组：《中华人民共和国民法典侵权责任编理解与适用》，人民法院出版社 2020 年版，第 364—365 页。

予明确规定。

对于出借电动自行车发生交通事故的责任承担，可结合具体案情参照适用《民法典》第一千二百零九条精神，主要理由有二：第一，电动自行车的产品属性介于机动车与非机动车之间，需通过具体产品参数方能准确界定。关于电动自行车是否属于机动车，《道路交通安全法》第一百一十九条第四项规定："'非机动车'，是指以人力或者畜力驱动，上道路行驶的交通工具，以及虽有动力装置驱动但设计最高时速、空车质量、外形尺寸符合有关国家标准的残疾人机动轮椅车、电动自行车等交通工具。"结合《电动自行车通用技术条件》以及《机动车运行安全技术条件》，时速在20公里以上、50公里以下，重量超过40公斤的"电动自行车"应认定为"轻便摩托车"而纳入机动车的管理范畴，因此电动自行车到底算不算机动车，要根据电动自行车的时速及本身自重等来划分。日常生活中，对于实为电动摩托车的超标"电动自行车"与作为非机动车的"电动自行车"常常难以用肉眼分辨，需要借助专业鉴定机构进行认定。第二，生活中，由于使用频率高，涉电动自行车交通安全事故频发，其现实危险性不亚于轻便摩托车等机动车，考虑到作为非机动车的电动自行车系与机动车类似的"危险源"，其本身亦是道路交通安全法的调整主体及交通参与人，故按照风险控制理论，在一定情形下对电动自行车的所有人、管理人责任承担比照机动车处理具有法理及现实依据。

（四）车辆所有人、管理人的过错认定

一般来讲，在所有人、管理人与使用人分离的情况下，所有人、管理人无法直接管控道路安全风险，无法控制驾驶人的注意义务，其过错主要体现在对机动车适驾性的管理义务及对使用人选任的注意义务。对于所有人、管理人的过错类型，《最高人民法院关于审理道路交通事故损害赔偿案件适用法律若干问题的解释》第一条作了列举式规定，在法理分析部分已详细论述，此处不再赘述。值得注意的是，日常生活情况纷繁复杂，该条第四项对机动车所有人、使用人的过错类型作了兜底规定，即"其它应当认定机动车所有人或者管理人有过错的"。本案情况即属于该条第四项的规范情形。本案中，

方斌虽不存在该条第一项、第二项、第三项列举的过错情形，但其作为车辆所有人同时乘坐该车辆，并未完全丧失对该车辆的控制及支配力，根据风险控制理论，对其科以适当注意义务，有利于防范风险发生。具体到本案，郝帅驾驶电动自行车逆向行驶系明显交通违法行为，该行为直接导致交通事故发生及高美损害，郝帅亦因此承担全部事故责任。就上述交通违法行为而言，方斌有义务亦有能力进行劝阻并制止，然而方斌未及时对郝帅的违法驾驶行为予以劝阻，主观上具有放任风险发生的过错，客观上亦增加了危害可能性，因此应参照该条第四项认定其具有过错并承担相应赔偿责任。在此提示各位车主，出借车辆有风险，监管责任莫缺位。

普法提示

（一）电动自行车使用人应关注产品信息并审慎驾驶

近年来，受城市交通拥堵问题的困扰，不少人转向灵活性强、机动性好的电动自行车作为代步工具，同时，因安全意识淡薄、规则意识不足，由此导致交通事故频发。电动自行车依其时速、质量不同，有的属于非机动车，有的则属于机动车。消费者在购买时应特别关注产品信息，对属于机动车的电动自行车，驾驶人应具备更高的注意义务并遵守与机动车相关的交通安全法规。同时，电动自行车驾驶人应强化规范意识，防范安全风险。文明驾驶、规范行车既是对他人和社会负责，也是对自己最好的保护。

（二）乘车人应履行注意义务，避免“意外担责”

乘车人不是驾驶员，通常来讲，发生交通事故与乘车人没有关系，但实践中，有时亦涉及乘车人担责的情形：

第一，交通事故造成他人损害，乘车人有过错的，适用过错责任原则认定其责任承担。如乘车人不当干扰驾驶人正常驾驶致使发生交通事故的、知道或应当知道驾驶人存在重大交通违法行为而未予制止导致事故损害的。本案中，乘车人方斌事发时乘坐在郝帅所驾电动车后方，其乘坐电动车的行为加剧了车辆行驶的不稳定性和撞击力；且其对于驾驶人郝帅逆向骑行的交通违法行为未予及时制止，致使发生事故造成高美损害，故认定方斌承担相应赔偿责任。

第二，交通事故造成自己损害，乘车人有过错的，适用过失相抵原则减轻侵权人责任。如被害人明知驾驶人醉酒或无证驾驶仍然搭乘其车辆的，可能因对自身损害的发生存在过失，从而减轻驾驶人的赔偿责任。

作为乘车人应当文明乘车，谨慎出行，对于驾驶人员的违法行为要及时提醒制止，做到有所为；对于干扰驾驶人正常驾驶、危害公共安全的行为要坚决杜绝，做到有所不为，如此既是对自身权利的保护，也是对他人安全的负责。

案例八

挂靠机动车发生交通事故，责任应如何分担？

崔宁①

案情回顾

一天，吴大与吴小在道路东侧散步，被由小杨驾驶的货车撞伤，车辆也遭到了损坏。此事故经交通支队认定，小杨负全部责任，吴大、吴小无责任。交通事故导致吴大受伤，吴大经鉴定构成十级伤残，误工期为 180 日、营养期为 60 日、护理期为 60 日。

经查，案涉货车登记车主为顺通公司。2017 年 12 月 26 日，顺通公司（协议甲方）与大杨（协议乙方）曾签订挂靠协议，约定：乙方为货车的实际所有人，该车挂靠在甲方名下，挂靠期间乙方每年向甲方支付相关费用 1500 元；为保障甲乙双方利益，减轻车辆出险后的负担，乙方车辆必须经由甲方投保交通事故责任强制险和商业三者险。保险公司为该车承保交强险，保险期限为 2017 年 12 月 24 日至 2018 年 12 月 23 日，责任限额分别为死亡伤残赔偿限额 11 万元（包括护理费、精神损害抚慰金、交通费）、医疗费用赔偿限额 1 万元（包括医疗费、必要合理的营养费）、财产损失赔偿限额 2000 元。此次事故造成吴大、吴小受伤，吴小的损失已经另案民事判决书处理完毕，保险公司已经在交强险的医疗费用限额内全部赔偿完毕，在死亡伤残限额内赔偿了 6900 元，在另案判决书中，小杨表示事故发生时，其在与大杨共同干活。

事故发生后，就交通事故损害赔偿问题，各方协商未果。吴大向法院提出诉讼请求，请求判令大杨、小杨、顺通公司、保险公司赔偿其医疗费、营养费、交通费、误工费、护理费、住院伙食补助金、残疾赔偿金、残疾辅助

① 北京市第二中级人民法院法官助理。

器具费、被扶养人生活费、精神损害赔偿金、鉴定费；保险公司在其为肇事车辆承保的交强险责任范围内对吴大先行承担赔偿责任，超出交强险的部分，由大杨、小杨、顺通公司承担连带赔偿责任。

保险公司辩称，其已经在交强险医疗费限额内全部赔偿完毕，不认可残疾赔偿金、误工费、护理费、被扶养人生活费、精神损害赔偿金及鉴定费金额。

顺通公司辩称，车辆投有保险，应该由保险公司赔偿。超出保险部分的费用应该由大杨、小杨承担，与其公司没有关系。车是由大杨、小杨使用的，相关的责任应该由大杨、小杨承担。

大杨辩称，事故事实及责任认定无异议，车辆投保交强险，对营养费、交通费、生活费、精神损害抚慰金不认可；当时是小杨开的车，车是挂靠在顺通公司名下，实际为其使用，同意承担赔偿责任，但现在经济困难，无力赔偿。

一审法院经审理认为，依照法律规定，机动车发生交通事故造成人身伤亡、财产损失的，由保险公司在交强险责任限额范围内予以赔偿，不足的部分，机动车与行人之间发生交通事故，行人没有过错的，由机动车一方承担赔偿责任；有证据证明非机动车驾驶人、行人有过错的，根据过错程度适当减轻机动车一方的赔偿责任。另，以挂靠形式从事道路运输经营活动的机动车发生交通事故造成损害，属于该机动车一方责任，由挂靠人和被挂靠人承担连带责任。本案中，小杨驾驶登记且挂靠在顺通公司的轻型货车与吴大发生交通事故，致吴大、吴小受伤，经交管部门认定，小杨负全部责任，且该车在保险公司投保交强险，故对于吴大由此产生的合理损失，依法应由保险公司在交强险限额内先行赔偿，不足部分，由被挂靠人顺通公司与挂靠人大杨承担连带责任；又鉴于小杨曾表示案发期间其在与大杨一同干活，且未提交证据证明两人之间存在雇佣关系，故小杨作为案涉车辆驾驶员应对造成他人损害后果与其他责任人一起承担连带责任。关于吴大的医疗费、营养费、交通费、误工费、护理费、住院伙食补助金、残疾赔偿金、残疾辅助器具费、被抚养人生活费、精神赔偿金、鉴定费的具体数额由法院依法予以确认。据此，一审法院认定顺通公司应当承担连带赔偿责任。

判决后，顺通公司不服，提出上诉，请求撤销原审判决，改判其不承担连带责任，其认为案涉车辆虽然登记在顺通公司名下，但系大杨以自有资金购买，并独立行使对该车的使用权、收益权和处分权，大杨是案涉车辆的实际所有权人，顺通公司已经丧失了车辆的所有权，根据双方签署的协议约定，因该车辆造成他人损失由大杨承担保险之外的赔偿责任。同时，顺通公司对案涉车辆并未进行管理和支配，也没有因为车辆的运行而获得利益，且对于小杨的侵权行为顺通公司无过错，不应承担责任。

二审法院经审理认为，2017 年 12 月 26 日，顺通公司与大杨签订挂靠协议，该协议约定：乙方为货车的实际所有人，该车挂靠在甲方名下，挂靠期间乙方每年向甲方支付相关费用 1500 元。根据法律规定，以挂靠形式从事道路运输经营活动的机动车发生交通事故造成损害，属于该机动车一方责任，当事人请求由挂靠人和被挂靠人承担连带责任的，人民法院应予支持。被挂靠人是否应承担连带责任并不以被挂靠人对案涉车辆是否进行管理和支配、是否因案涉车辆的运行获得利益及对于交通事故的发生有无过错为前提，故，顺通公司关于其未对案涉车辆进行管理和支配，也没有因为车辆的运行而获得利益且对于大杨的侵权行为顺通公司无过错，其不应该承担连带责任的上诉主张，法院不予支持。顺通公司还上诉主张根据其与大杨签署的协议约定，因该车辆造成他人损失由大杨承担保险之外的赔偿责任，因此其不应承担连带责任。就此法院认为，顺通公司与大杨签署的协议系其双方约定，其效力不能当然及于第三人，其该项上诉主张法院不予支持。最终法院判决驳回上诉，维持原判。

法理分析

在司法实践中，机动车辆挂靠是指车辆的所有权人即车主，经运输企业同意，以运输企业名义从事运输经营的行为。其中，车主被称为挂靠人，运输企业被称为被挂靠人。车辆挂靠经营关系一般是通过挂靠人与被挂靠人缔结车辆挂靠协议而产生的。车辆挂靠协议通常对挂靠人与被挂靠人双方之间的权利义务，以及因挂靠经营行为对外形成的债务的承担等问题加以约定。

随着经济社会的快速发展，因挂靠形成的纠纷也屡见不鲜。

对此，《民法典》第一千一百二十一条规定了挂靠机动车交通事故责任的分担规则。以挂靠形式从事道路运输经营活动的机动车，发生交通事故造成损害，属于该机动车一方责任的，由挂靠人和被挂靠人承担连带责任。与原《侵权责任法》相比，本条属于新增内容，对机动车挂靠运营发生交通事故的责任主体及连带责任形式作出了规定。

在上述案例中，顺通公司认为案涉车辆虽登记在其公司名下，但其并未对案涉车辆进行管理和支配，也没有因车辆运行而获得利益，故其不应承担赔偿责任。那么，为什么两级法院均认为顺通公司应当承担连带责任呢？我们可以从以下几个角度来理解。

1. 共同侵权责任

我们应当知道，运输行业是具有危险性的行业，因此从事客运或货运经营是需要经过相关部门的行政许可的，是需要具备一定的资质、条件的。交通运输部门曾经多次明确表示“坚决清理和取缔运输车辆挂靠经营”及“禁止挂靠经营”。所以，顺通公司在明知挂靠行为具有不法性的前提下，依然允许挂靠人大杨使用其名义运营，应当认为是对大杨运输经营可能给第三人带来的危险的放任，顺通公司在主观上存在明显过错。同时，大杨明知自己不具备运营资质，仍然选择挂靠他人名义运营，对可能给第三人带来的危险同样存在主观上的过错。小杨作为机动车的驾驶人，对事故的发生是当然的责任主体。所以，虽然在造成吴大损害结果的过错上，顺通公司、大杨、小杨可能并不相同，但是他们相互明知，共同实施了非法行为，其过错相互结合造成了此次事故的发生，符合共同侵权的形式要件，那么，顺通公司、大杨、小杨承担连带赔偿责任也就很好理解了。

2. 雇主替代责任

用人单位的工作人员因为执行工作任务造成他人损害的，由用人单位承担侵权责任。在这个案件中，存在两个法律关系，对内是大杨与顺通公司的挂靠关系，对外是侵权关系。对被侵权人吴大来说，顺通公司是运营车辆的所有权人，而从事道路运输经营的具体使用人只是他的工作人员，因此顺通公司当然应当承担责任。即使顺通公司与大杨签有协议约定，协议的效力也仅及于其二人，与吴大无关。所以，从雇主替代责任的角度来看，顺通公司承担责任是理所当然的。

3. 社会利益衡量

机动车道路运输经营并非一般的机动车出行，其使用频率、车辆惯性、损害后果相较而言都比一般车辆高出许多。所以被挂靠人承担连带赔偿责任，能够从源头上减少违法行为，维护正常的运输经营市场秩序，保障公共安全。首先，从维护被侵权人权利的角度来说，被挂靠人的赔偿能力往往要比挂靠人更优，被挂靠人承担连带赔偿责任，有利于交通事故的被侵权人的权利及时充分地得到救济。其次，被挂靠人需要承担责任，使其违法成本增加，有利于减少挂靠情形，减少不具备相应资质车辆从事高危的运输经营工作。最后，这种责任分担原则，有助于交通管理部门打击违法行为，具有通过私法手段实现公法目的的作用，实现私法与公法的协调统一。所以，从社会利益衡量的角度来说，不论顺通公司是否从中获益，其依然需要承担相应的连带责任。

知识拓展

（一）诉讼主体

在司法实践中，交通事故中的受害人既可以起诉要求被挂靠人承担责任，也可以要求挂靠人承担责任。因为挂靠关系往往是依靠内部协议，并未公示告知，所以受害人有可能并不知晓挂靠关系的存在，在这种情况下，受害人仅仅起诉要求被挂靠人承担责任，无须证明被挂靠人和挂靠人之间的内部关系。以上述案例为例，吴大既可以以大杨、小杨为被告提起赔偿诉讼请求，同样也可以以顺通公司为被告提起赔偿诉讼请求，吴大不需要提供证据证明大杨、小杨与顺通公司之间存在挂靠关系。如果顺通公司以挂靠关系为由提出抗辩，请求追加大杨、小杨为共同被告，原则上法院会征求吴大的意见，如果吴大不同意追加，从有利于查明事实及大杨、小杨与顺通公司之间纠纷一并解决的角度，可以追加大杨、小杨为第三人参加诉讼。

（二）内部追偿

《民法典》第一千一百二十一条并未对被挂靠人与挂靠人之间的内部追偿权进行规定，那是因为内部追偿权是连带责任的固有之义，无特殊规定或约定即应当适用《民法典》第一百七十八条中关于追偿问题的规定，即“二人以上依法承担连带责任的，权利人有权请求部分或者全部连带责任人承担责任。连带责任人的责任份额根据各自责任大小确定；难以确定责任大小的，平均承担责任。实际承担责任超过自己责任份额的连带责任人，有权向其他连带责任人追偿。连带责任，由法律规定或者当事人约定”。考虑到挂靠人和被挂靠人一般对于双方的责任的约定各有不同，是否可以行使追偿权需要看双方内部协议的具体内容，所以《民法典》中未对此项进行详细规定，也就很好理解了。

普法提示

运输行业之所以被称为高危行业，是因为机动车道路运输经营并非普通的机动车出行，其车辆使用频率高、车速通常较快，且因车辆承载重物导致车辆惯性大，所以，损害后果较一般车辆而言高出很多，经常会出现车毁人亡的惨烈结果。正因如此，从事客运或货运经营是需要经过相关部门的行政许可的，是需要具备一定的资质、条件的。但是，在日常中，有些车辆运营者因资金缺乏以及营运车辆少、车况差等原因，并不能取得相应资质，于是挂靠运营现象频出，因此产生的交通事故也屡见不鲜，那么，如何避免该种问题呢？

就被挂靠人而言，作为从事道路运输经营的公司，应当从加强运营管理入手，形成规范的运营机制，从出卖、出租运营资质向实体经营转化，促进道路市场优胜劣汰，减少不具备运营资格的主体从事车辆运输经营，优化道路运营市场，从而在源头处降低交通事故产生的风险，使公共安全得到保障。

挂靠人以被挂靠人名义从事经营活动是挂靠经营的目的所在。大量个体运输业主只有通过挂靠经营，才能满足该行业较为严格的市场准入条件，获取经营利益。作为挂靠人，要避免不会产生交通事故的侥幸心理，严格遵守相关部门对于道路运营的规定，从不具备经营资格的主体向具备经营资格主体的方向进发，从根本上降低交通事故发生概率，保障公共安全。

案例九

机动车与非机动车发生的道路交通事故应当如何划分赔偿责任？

崔宁①

案情回顾

一天，王某驾驶小客车与驾驶电动自行车的姜某相撞，造成姜某以及其搭载的于某倒地受伤，王某的小客车遭到了损坏。此事故经交管大队处理，认定姜某负事故主要责任，王某负次要责任，于某无责任。交通事故导致于某受伤，于某经鉴定构成十级伤残，误工期可为150—180日，护理期可为60—90日，营养期可为60—90日。事故后，王某驾驶车辆的保险公司交强险已理赔于某114000元，该车辆未投保商业险。另查，于某提交理赔说明书，内容为交强险已理赔于某114000元，不再向保险公司主张理赔，于某根据合理损失同意扣除122000元交强险限额后，由王某按责任比例进行赔偿。

事故发生后，就交通事故损害赔偿问题，各方协商未果。于某向法院提起诉讼，请求判令王某赔偿其医疗费、二次手术费、住院伙食补助费、营养费、护理费、残疾赔偿金、精神损害抚慰金、残疾辅助器具费、交通费、财产损失，合计384252.52元，超出交强险限额部分按照40%责任比例主张，分责后主张104901.01元。

王某不同意于某的诉讼请求及赔偿要求，认为该起交通事故是因为姜某驾驶制动器失灵的电动自行车上路，并且载人导致的，其虽然有违反交通规则的行为，但与本起交通事故没有关系，应该由姜某承担责任，其不同意赔偿，即使出于人道主义，于某的赔偿要求也过高，要求按照责任比例10%标准对于某进行补偿。

---

① 北京市第二中级人民法院法官助理。

一审法院经审理认为，王某驾驶的车辆在道路中心黄实线处左转，对直行车辆产生了影响，故王某主张无责的答辩意见，法院不予采信，法院根据各方过错程度确定王某负此次交通事故 30% 的责任。王某驾驶的车辆在保险公司投保有交强险，交强险已理赔完毕，故于某的合理损失应由王某按照 30% 责任比例进行赔偿。于某的合理损失经法院根据本案证据和相关法律规定依法核算为 330992.77 元，扣除交强险限额 122000 元后，剩余金额为 208992.77 元，王某应按照 30% 的责任比例赔偿于某 62697.83 元。

判决后，王某不服，提出上诉，请求改判王某对此次事故无责，无须按照 30% 比例赔偿于某。王某认为，根据监控录像，王某已经形成安全驾驶且距离姜某驾驶的非机动车较远，于某受伤系因姜某驾驶电动自行车超速导致的，与王某无关。成年人驾驶自行车可以在固定座椅内载一名儿童，而于某系成年人，于某在此次事件中也有过错，应承担相应的责任。姜某明知电动自行车制动有问题还上路行驶，应承担此次事故相应责任。王某出于人道主义仅愿意承担不超过 10% 的赔偿责任。于某辩称，不同意王某的上诉请求和理由。

二审法院经审理认为，本案的争议焦点为双方承担责任比例问题。我国道路交通安全法规定，机动车与非机动车驾驶人、行人之间发生交通事故，有证据证明非机动车驾驶人、行人有过错的，根据过错程度适当减轻机动车一方的赔偿责任。本案中，姜某作为非机动车驾驶人，驾驶制动器失效的电动自行车遇前方机动车转弯采取措施不当，是事故发生的主要原因，应当承担主要责任。王某作为机动车驾驶员，其在驾驶过程中在道路中心黄实线处左转弯，对直行车辆产生一定的影响，亦存在一定过错。一审法院根据道路交通事故认定书所确定的当事人责任，酌情确定王某承担该事故责任的 30% 并无不当，法院予以确认。王某认为其无责，不应承担事故责任的上诉意见，法院不予采信。最终判决驳回王某上诉，维持原判。

法理分析

（一）法律依据

随着经济社会的快速发展，汽车保有量大幅提升，随之而来的是机动车驾驶员数量增长迅猛且素质参差不齐。同时，部分非机动车驾驶员、行人不注意遵守交通规则、不注意自身防护，机动车与非机动车、行人之间的交通事故频繁发生。如何处理好机动车方与非机动车方、行人因交通事故造成的纠纷呢？如何界定双方之间的法律责任？确定侵权赔偿责任时又应当依据何种原则呢？

对此，《道路交通安全法》第七十六条进行了较为详细的规定，机动车发生交通事故造成人身伤亡、财产损失的，由保险公司在机动车第三者责任强制保险责任限额范围内予以赔偿；不足的部分，按照下列规定承担赔偿责任：（一）机动车之间发生交通事故的，由有过错的一方承担赔偿责任；双方都有过错的，按照各自过错的比例分担责任。（二）机动车与非机动车驾驶人、行人之间发生交通事故，非机动车驾驶人、行人没有过错的，由机动车一方承担赔偿责任；有证据证明非机动车驾驶人、行人有过错的，根据过错程度适当减轻机动车一方的赔偿责任；机动车一方没有过错的，承担不超过百分之十的赔偿责任。交通事故的损失是由非机动车驾驶人、行人故意碰撞机动车造成的，机动车一方不承担赔偿责任。

（二）理论辨析

1. 归责原则

在《道路交通安全法》颁布后，围绕第七十六条第一款第二项中关于机动车造成非机动车驾驶人或行人损害的赔偿责任的归责原则是什么，曾经有诸多讨论。目前，部分观点认为，机动车造成非机动车驾驶人或行人损害的赔偿责任的归责原则应适用无过错责任。无过错责任是指行为人的行为、其管理的人或者物损害了他人的民事权益，具备了法律规定的要件，不论行为人是否有过错，都要承担侵权责任的归责原则。该条法律规定确保了生命权高于路权，即机动车一方即使并无过错，伤害他人身体造成他人损失，依然要承担赔偿责任，非机动车驾驶人、行人一方即使存在过错，亦不能以生命为代价。

当然，无过错责任并不是绝对责任，在机动车造成非机动车驾驶人或行人损害的案件中，机动车一方可以主张法定的不承担责任或者减轻责任的事由，即如果非机动车驾驶人、行人有过错的应当根据过错程度适当减轻机动车一方相应的赔偿责任；如果机动车一方没有过错的，承担不超过 10% 的赔偿责任；交通事故的损失是由非机动车驾驶人、行人故意碰撞机动车造成的，机动车一方不承担赔偿责任等。

2. 举证责任

依据举证责任分配的一般规则，非机动车驾驶人、行人一方应当举证证明违法行为、损害事实和因果关系三个要件，对此，机动车一方不承担举证责任。如果机动车一方主张不构成侵权责任，则实行举证责任倒置，其所要证明的不是自己无过错，而是非机动车驾驶人、行人的故意或者其他法定免责、减轻责任的事由是导致损害的原因或主要原因。实践中，机动车一方不能举证证明非机动车驾驶人、行人存在过错且不能排除自身过错的，应当由机动车一方承担赔偿责任。机动车一方举证证明非机动车驾驶人、行人存在过错，但不能排除自身过错的，根据非机动车驾驶人、行人的过错程度适当减轻机动车一方的赔偿责任。机动车一方举证证明其尽到了谨慎驾驶的高度注意义务并充分采取了必要的处置措施，且驾驶的机动车具备安全运行的技术条件，对于损害的发生没有过错，机动车一方承担不超过 10% 的赔偿责任。机动车一方举证证明损害的发生系由非机动车驾驶人、行人故意碰撞机动车的行为造成的，机动车一方不承担赔偿责任。但机动车一方主观上存在故意或者重大过失的，仅可主张减轻赔偿责任。

（三）评析本次交通事故中的责任划分

下面我们适用上面的归责原则和举证责任分配，来为本案中的交通事故划分责任。本案中，姜某作为非机动驾驶人驾驶制动器失效的电动自行车遇前方机动车转弯采取措施不当，系本次事故发生的主要原因，应当承担此次事故的主要责任，所以应当依据他的过错程度适当减轻机动车一方即王某的赔偿责任。那么作为机动车驾驶人的王某是否存在过错呢？其实是有过错的。虽然，王某作为机动车驾驶人认为自己在驾驶过程中在道路中心黄实线处左转弯属于违反交通法规的行为，但其该违规行为本身与本起交通事故没有关系，故其不应当承担30%的赔偿责任。但是，如果王某未违规在道路中心实线处左转弯，姜某亦不会因为采取紧急制动措施导致本次事故发生，所以作为机动车驾驶人的王某在此次交通事故中是存在过错的，不应适用“机动车一方没有过错的，承担不超过百分之十的赔偿责任”的法律条款。一审法院对于王某应当对此事故承担赔偿责任的认定是正确的。

知识拓展

《道路交通安全法》第七十六条对非机动车、行人的损失应当如何处理作出了明确的规定，但是并未明确机动车一方能够向非机动车、行人索赔。在过去的司法实践中，有过驳回机动车方向非机动车、行人索赔请求的案件，原因主要有以下几个方面：一是相关法律中并未就机动车方的损失非机动车或行人是否应当赔偿的问题进行有效的规定，所以法院若支持机动车方向非机动车、行人的索赔请求缺乏法律依据。二是《道路交通安全法》第七十六条规定中已经适用了过错相抵原则，即在非机动车或行人有过错的情况下，机动车方已经因此减轻了赔偿责任，所以不应再次支持机动车方的索赔请求。三是相比于非机动车及行人而言，机动车具有更大的危险性，所以在实践中根据优者危险负担原则，往往认为机动车一方应当承担更大的注意义务，在事故发生时亦应承担更大的责任。四是机动车一方在日常中被要求购买交通事故责任强制保险，就损失而言，机动车方在发生交通事故时依靠自身财产支付巨额赔偿金的风险相对较低。但是在近年发生的交通事故中，机动车方向非机动车、行人索赔请求的案件并不当然驳回。

在机动车与非机动车或行人发生交通事故、双方均有过错且均存在人身损害的情况下，如果仅对非机动车方或行人方的人身损害进行赔偿，而对机动车方的人身损失不予赔偿，会让当事人从情理上难以理解，从法律上难以释明。因为双方受损的同为生命健康权，二者的生命价值同样应当得到尊重。因此，在这种情况下，非机动车方、行人应根据过错程度承担赔偿责任。当然，如果机动车一方人身损失保险公司能够赔偿的，应先由保险公司赔偿，不足部分由非机动车方、行人按过错比例赔偿。这样既能弥补机动车方的损失，也能最大限度减轻非机动车方、行人的损失，同等地保护了机动车方与非机动车、行人方的人身权。

很多交通事故是由非机动车方、行人机动车道逆行、抢行猛拐、乱闯红灯、骑车带人等违法行为造成的。非机动车方、行人漠视交通规则，横冲直撞，为交通事故的发生埋下隐患。如在某些交通事故中，机动车方为躲避行人或者非机动车方而撞上桥墩或掉进河里造成机动车方车毁人亡而非机动车方或者行人仅受轻微伤害，经交警查明机动车方仅负次要责任，在这种情况下，如果不支持机动车方向非机动车方或者行人索赔则显失公平，不利于机动车方获得相应的赔偿。如果一概不支持机动车方向非机动车方、行人索赔不仅不利于引导电动车、行人遵守交通规则，加强自我保护意识，反而会导致违法行驶与机动车争抢路权行为更加肆无忌惮，产生不利于公共道路安全的反效果。

所以，非机动车驾驶人、行人存在过错的，机动车一方就其损失，特别是人身损失，有权请求非机动车、行人一方承担相应的赔偿责任。

普法提示

作为机动车一方，一方面，要严格遵守交通规则，礼让行人。守规矩是安全出行的底线，是文明礼让的前提。“礼”是文明要求，“让”是法定义务。驾驶车辆行经斑马线时一定要提前减速慢行，遇有行人通过一定要停车礼让；在红绿灯路口转向时一定要主动礼让行人。在没有红绿灯的路口、斑马线也一定要注意观察，先让行人通过。另一方面，要注意证据的固定和保存，尽量安装行车记录仪，行车记录仪能够实时记录车辆行车状况，并及时捕捉还原交通事故过程，可以避免在交通事故中责任无法查清情况的发生。

作为非机动车、行人一方，同样需要严格遵守交通规则。据交警部门数据分析，步行、骑乘摩托车、电动自行车等交通方式的群体，是事故死亡高发群体，该群体死亡人数占死亡总量的一半以上。其中不遵守交通法规，是造成行人事故的主要原因。所以，严格遵守交通规则，杜绝车道逆行、抢行猛拐、乱闯红灯、骑车带人等危险行为，是保护非机动车、行人方自身安全，防范交通事故发生的重要保障。

案例十

酒后驾车发生交通事故，赔偿责任应该由谁承担？

李政①

案情回顾

阿春（化名）饮酒后疲劳驾驶小客车与小花驾驶的电动自行车相撞，导致小花受伤，双方车辆损坏。交管部门作出责任认定，阿春负事故全部责任，小花无责任。经鉴定，小花因交通事故遭受两处外伤，均构成十级伤残，综合赔偿指数为15%。另查明，阿春驾驶的事故车辆投保了交强险和商业三者险100万元（含不计免赔），事故发生在保险期间内。案涉商业三者险合同载明："被保险车辆驾驶人酒后驾驶发生交通事故的，保险人不予赔偿。"阿春在商业三者险合同上签字表明知晓上述内容。

就赔偿主体及费用等事宜，各方协商未果，小花遂将阿春、保险公司诉至法院，要求阿春、保险公司共同赔偿其医疗费、误工费、伤残赔偿金、被扶养人生活费等各项经济损失。

一审法院经审理后认为，侵害他人民事权益的，应当承担侵权责任。本案中，公安交通管理部门作出的阿春负全部责任、小花无责任的事故认定符合法律规定，该事故车辆投保了机动车交通事故强制保险及商业三者险，事故发生在保险期间内，故应先由保险公司在交强险限额内予以赔偿，因阿春饮酒后驾车出现交通事故，违背了道路交通法规的禁止性规定，故对于超出交强险限额的部分，应由阿春予以赔偿。此外，一审法院根据相关证据、相应标准以及本案的具体情况对小花因交通事故造成的合理经济损失予以确认。

阿春不服一审判决，提起上诉。阿春认为自己投保了交强险和商业三者险且事故发生在保险期间内，保险公司应在保险范围内代其向小花赔偿。本

---

① 北京市第二中级人民法院法官助理。

案交通事故发生在河北省Z市境内，小花也是Z市人，居住在Z市，本案应当由事故发生地法院管辖并使用河北省标准计算残疾赔偿金及精神损害抚慰金。阿春自2017年10月起就居住在河北省Z市，小花故意在北京市F区法院立案，索要超额残疾赔偿金，属于诈骗行为。

保险公司同意一审判决，部分同意阿春的上诉请求，称其司只同意赔偿交强险部分，不同意商业三者险部分的赔偿。

小花不同意阿春的上诉请求。

二审法院经审理认为，关于阿春于二审中主张本案不应由北京市F区人民法院管辖的问题。《民事诉讼法》第一百三十条规定，人民法院受理案件后，当事人对管辖权有异议的，应当在提交答辩状期间提出。人民法院对当事人提出的异议，应当审查。异议成立的，裁定将案件移送有管辖权的人民法院；异议不成立的，裁定驳回。当事人未提出管辖异议，并应诉答辩的，视为受诉人民法院有管辖权，但违反级别管辖和专属管辖规定的除外。本案中，阿春未在一审答辩期内提出管辖异议，且应诉答辩，视为接受管辖，二审中另提出管辖问题，不应予以支持。

本案中，因阿春违反道路交通法规酒后驾车发生交通事故造成小花受伤，故超出交强险限额的赔偿部分，应由阿春自行承担。阿春要求保险公司在保险范围内全部代为赔偿的上诉请求，于法无据，法院不予支持。

法理分析

（一）法律依据

本案中，阿春因醉酒导致事发时行为能力暂时受限，其是否仍需承担侵权责任？答案是肯定的，根据《民法典》第一千一百九十条规定，完全民事行为能力人对自己的行为暂时没有意识或者失去控制造成他人损害有过错的，应当承担侵权责任；没有过错的，根据行为人的经济状况对受害人适当补偿。完全民事行为能力人因醉酒、滥用麻醉药品或者精神药品对自己的行为暂时没有意识或者失去控制造成他人损害的，应当承担侵权责任。据此，对本可控制的生理性醉酒造成损害的，行为人具有放任危险结果发生的故意或过失，满足一般侵权行为的过错要件，故仍应承担侵权责任。

此外，醉酒驾驶是我国《道路交通安全法》明令禁止的违法行为。《道路交通安全法》第二十二条规定："机动车驾驶人应当遵守道路交通安全法律、法规的规定，按照操作规范安全驾驶、文明驾驶。饮酒、服用国家管制的精神药品或者麻醉药品，或者患有妨碍安全驾驶机动车的疾病，或者过度疲劳影响安全驾驶的，不得驾驶机动车。任何人不得强迫、指使、纵容驾驶人违反道路交通安全法律、法规和机动车安全驾驶要求驾驶机动车。"

本案中，阿春投保了100万元的商业三者险，但保险公司主张因阿春存在酒后驾驶行为，不同意商业三者险部分的赔偿。那么，保险公司的主张是否具有法律依据呢？保险公司的免责条款属于格式条款，其发生法律效力必须满足若干条件。《保险法》第十七条规定："订立保险合同，采用保险人提供的格式条款的，保险人向投保人提供的投保单应当附格式条款，保险人应当向投保人说明合同的内容。对保险合同中免除保险人责任的条款，保险人在订立合同时应当在投保单、保险单或者其他保险凭证上作出足以引起投保人注意的提示，并对该条款的内容以书面或者口头形式向投保人作出明确说明；未作提示或者明确说明的，该条款不产生效力。"由上可知，对于保险合同中的免责条款，保险人应尽到提示说明义务，否则该免责条款不发生法律效力。但对于特定免责事由，我国法律规定保险人尽到提示义务即可，而无须尽到说明义务。根据《最高人民法院关于适用〈中华人民共和国保险法〉若干问题的解释（二）》第十条规定，保险人将法律、行政法规中的禁止性规定情形作为保险合同免责条款的免责事由，保险人对该条款作出提示后，投保人、被保险人或者受益人以保险人未履行明确说明义务为由主张该条款不生效的，人民法院不予支持。本案中，阿春酒后驾车行为属于法律、行政法规中的禁止性规定，保险公司对此已尽到提示义务，其主张在商业三者险下免赔具有事实和法律依据。

（二）理论分析

根据《民法典》第一千一百九十条第二款规定，完全民事行为能力人因醉酒对自己的行为暂时没有意识或者失去控制造成他人损害的，应当承担侵权责任。故对于一般酒后驾车造成交通事故的，不能因为醉酒状态而免除侵权人的侵权责任。我国法律明确规定，饮酒不得驾驶机动车。酒后驾车系违反道路交通安全法规的违法行为。根据《中国保险行业协会机动车商业保险示范条款》责任免除规定，饮酒、吸食或注射毒品、服用国家管制的精神药品或者麻醉药品，保险人不负责赔偿。本案第三者责任商业保险（以下简称商业三者险）的保险合同亦明确载明被保险车辆驾驶人酒后驾驶发生交通事故的，保险人不予赔偿，故保险公司主张应根据该免责条款在商业三者险范围内不承担赔偿责任具有法律依据。

知识拓展

（一）酒后驾驶发生交通事故的，保险公司是否应在机动车第三者责任强制保险（以下简称交强险）范围内赔偿？

《民法典》第一千二百一十三条规定："机动车发生交通事故造成损害，属于该机动车一方责任的，先由承保机动车强制保险的保险人在强制保险责任限额范围内予以赔偿；不足部分，由承保机动车商业保险的保险人按照保险合同的约定予以赔偿；仍然不足或者没有投保机动车商业保险的，由侵权人赔偿。"由以上规定可以看出，即使存在酒后驾驶的违法情形，肇事车辆若投保交强险的，保险公司仍应当在责任限额内予以赔偿，并不能因具有酒驾情形而免除其赔偿责任。但应注意的是，保险公司在交强险责任范围内先予赔偿后，有权向侵权人追偿，依据为《机动车交通事故责任强制保险条例》第二十二条，该条规定："有下列情形之一的，保险公司在机动车交通事故责任强制保险责任限额范围内垫付抢救费用，并有权向致害人追偿：（一）驾驶人未取得驾驶资格或者醉酒的；（二）被保险机动车被盗抢期间肇事的；

（三）被保险人故意制造道路交通事故的。有前款所列情形之一，发生道路交通事故的，造成受害人的财产损失，保险公司不承担赔偿责任。”基于对受害人权益的保护，法律规定保险公司仍应在交强险限额内进行赔偿，同时赋予保险公司追偿权，故对酒后驾驶造成的损害，最终仍由侵权人承担。

（二）酒后驾驶发生交通事故的，保险公司是否应在商业三者险范围内赔偿？

一般来说，保险公司会在商业三者险合同中约定免除其责任承担的情形，即免责条款，如约定酒后驾驶车辆发生交通事故的，保险公司在商业三者险范围内不予赔偿。那么该免责条款是否发生效力？商业三者险合同一般由保险公司为了重复使用而单方拟定，且在订立时未与投保人协商，该合同属于典型的格式合同。为保障接受格式合同一方的权利，我国法律明确规定，提供格式条款一方不合理地免除或者减轻其责任、加重对方责任、限制对方主要权利的，该格式条款无效。具体到本案，因酒后驾驶车辆发生交通事故的免责条款并不违反我国法律规定，且有加大酒驾者的违法成本从而督促其遵纪守法的导向作用，故该条款不属于不合理地免除或者减轻保险公司责任的情形，应属合法有效，保险公司可依据合同条款在商业三者险范围内免予赔偿。

（三）保险人对保险合同中免责条款的提示和说明义务

无论是交强险还是商业险，其设立初衷都是防范机动车的潜在风险，保障受害人的合法权益。考虑到保险合同用语的专业性与普通民众知识的有限性以及保险公司的相对强势与投保人的相对弱势，在保险公司订立保险合同时，必须在投保单或其他保险凭证上对保险合同中免除保险人责任的条款，以足以引起投保人注意的文字、字体、符号或者其他明显标志作出提示，并对有关免除保险人责任条款的概念、内容及其法律后果以书面或者口头形式向投保人作出常人能够理解的解释说明，否则投保人可以主张该条款不成为合同的内容。实践中，通过网络、电话等方式订立保险合同日趋成为主流，保险人亦应可通过网页、音频、视频等形式对免除保险人责任的条款予以提示说明。投保人为保证自身利益不受损害，亦应认真阅读免责条款，明确保险范围，以避免日后纠纷。

另需注意的是，根据《最高人民法院关于适用〈中华人民共和国保险法〉若干问题的解释（二）》第十条规定，保险人将法律、行政法规中的禁止性规定情形作为保险合同免责条款的免责事由，保险人对该条款作出提示后，投保人、被保险人或者受益人以保险人未履行明确说明义务为由主张该条款不成为合同内容的，人民法院不予支持。具体到本案，饮酒后驾驶机动车系法律、行政法规明令禁止的行为，保险公司将该情形作为保险合同免责条款的免责事由，其仅需履行提示义务即可，而无须尽到说明义务。

（四）关于道交案件的管辖及管辖权异议的提出时间

在机动车道路交通事故责任纠纷案件中，因死亡赔偿金、残疾赔偿金、被扶养人生活费等赔偿项目均以受诉法院所在地的人均可支配收入或人均消费性支出作为计算依据，考虑到我国不同地区的经济发展水平不同，受害人选择不同的受诉法院，其可得的赔偿数额存在显著差异，故管辖问题常成为各方争议焦点。根据《民事诉讼法》第三十条规定，因铁路、公路、水上和航空事故请求损害赔偿提起的诉讼，由事故发生地或者车辆、船舶最先到达地、航空器最先降落地或者被告住所地人民法院管辖。根据上述规定，因道路交通事故请求赔偿提起的诉讼，由事故发生地或者交通工具最先到达地或被告住所地法院管辖。实践中，原告方为最大限度地保障自身权利，往往会选择对自身最有利的管辖法院起诉。本案中，交通事故的发生地为河北省Z市，被告阿春的住所地为北京市F区，上述两地法院对本案均有管辖权，在此情况下，作为原告的小花可以选择向其中一个人民法院起诉。小花最终选择向北京市F区人民法院起诉，符合民事诉讼法关于管辖的相关规定。

鉴于管辖问题可能直接影响当事人的实体权利，我国法律在保障原告方对受诉法院选择权的同时，亦赋予了被告方提出管辖权异议的权利，但对于管辖权异议的提出时间，我国民事诉讼法作了明确规定。人民法院受理案件后，当事人对管辖权有异议的，应当在提交答辩状期间提出。人民法院对当事人提出的异议，应当审查。异议成立的，裁定将案件移送有管辖权的人民法院；异议不成立的，裁定驳回。当事人未提出管辖异议，并应诉答辩的，视为受诉人民法院有管辖权，但违反级别管辖和专属管辖规定的除外。本案中，阿春未在一审答辩期内提出管辖异议，且应诉答辩，应视为接受管辖，其在二审上诉提出管辖问题超出法定期间，不应予以支持。

普法提示

（一）关于酒驾与醉驾的判定标准

生活中，我们常听到酒驾和醉驾的说法，二者在文义上颇为相近，但在法律意义上却有显著差别。根据我国法律规定，车辆驾驶人员血液中的酒精含量大于或者等于20mg/100ml、小于80mg/100ml的驾驶行为为饮酒驾车；车辆驾驶人血液中的酒精含量大于或者等于80mg/100ml的驾驶行为为醉酒驾车。因二者对道路交通及人身财产安全的危害程度不同，故对于饮酒驾车和醉驾驾车的行为，我国法律规定了不同的法律后果。

（二）酒驾、醉驾应承担的行政和刑事责任

酒驾、醉驾发生交通事故，驾驶人除应承担民事赔偿责任外，还应承担相应行政责任甚至刑事责任。需注意的是，酒驾和醉驾体现在行政和刑事处罚的法律后果上有所不同，应注意区分，一般而言，对于醉驾的处罚力度要重于酒驾。

在行政处罚方面，《道路交通安全法》第九十一条规定：“饮酒后驾驶机动车的，处暂扣六个月机动车驾驶证，并处一千元以上二千元以下罚款。因饮酒后驾驶机动车被处罚，再次饮酒后驾驶机动车的，处十日以下拘留，并处一千元以上二千元以下罚款，吊销机动车驾驶证。醉酒驾驶机动车的，由

公安机关交通管理部门约束至酒醒，吊销机动车驾驶证，依法追究刑事责任；五年内不得重新取得机动车驾驶证。饮酒后驾驶营运机动车的，处十五日拘留，并处五千元罚款，吊销机动车驾驶证，五年内不得重新取得机动车驾驶证。醉酒驾驶营运机动车的，由公安机关交通管理部门约束至酒醒，吊销机动车驾驶证，依法追究刑事责任；十年内不得重新取得机动车驾驶证，重新取得机动车驾驶证后，不得驾驶营运机动车。饮酒后或者醉酒驾驶机动车发生重大交通事故，构成犯罪的，依法追究刑事责任，并由公安机关交通管理部门吊销机动车驾驶证，终生不得重新取得机动车驾驶证。”在刑事处罚方面，酒驾、醉驾发生交通事故，视情节、后果不同，可能构成危险驾驶罪、交通肇事罪等。综上，因酒驾及醉驾行为不仅对他人生命健康和财产安全产生较大威胁，自身亦将面临严厉的处罚。在此需要提醒大家：开车不喝酒、喝酒不开车，莫把生命安全当儿戏。

（三）酒驾醉驾致损的其他民事责任主体

酒后驾驶车辆发生交通事故的，除了由机动车驾驶人本人承担侵权责任外，还可能存在以下两类其他责任主体：

一是机动车所有人、管理人明知他人饮酒醉酒，仍租借机动车的，应承担相应赔偿责任。根据《民法典》第一千二百零九条规定，因租赁、借用等情形机动车所有人、管理人与使用人不是同一人时，发生交通事故造成损害，属于该机动车一方责任的，由机动车使用人承担赔偿责任；机动车所有人、管理人对损害的发生有过错的，承担相应的赔偿责任。《最高人民法院关于审理道路交通事故损害赔偿案件适用法律若干问题的解释》第一条明确规定，机动车的所有人或管理人知道或者应当知道驾驶人因饮酒依法不能驾驶机动车的，应当认定其对损害的发生有过错，并适用《民法典》第一千二百零九条的规定确定其相应的赔偿责任。故如果机动车所有人、管理人明知或应当知道他人系饮酒、醉酒状态，出于驾驶人安全及自身权益，请勿将自己的机动车租、借给他人或者允许他人使用。一旦饮酒者驾驶机动车造成损害，出借人亦需承担相应赔偿责任。

二是聚会组织者、共同饮酒人未尽到合理注意义务，致使饮酒人酒后驾驶机动车发生交通事故致害的，应承担相应赔偿责任。根据《民法典》第一千一百九十八条规定，群众性活动的组织者，未尽到安全保障义务，造成他人损害的，应当承担侵权责任。司法实践中，饮酒人因共同饮酒发生损害的，其他共饮人未尽到合理注意义务的，可能承担相应损害赔偿责任。该“合理注意义务”通常包括：共饮时，聚会组织者应提醒在场人适量饮酒，其他共饮人亦不得强行劝酒、罚酒；共饮后，共饮人应注意是否有人出现醉酒或其他身体不适的情况，如出现上述情况，有义务进行救助，如劝阻酒驾、送医就诊、联系家属、安全护送等。在此提示各位，在酒局中切莫强劝或逼迫他人饮酒，当过量饮酒者酒后欲驾驶机动车时，应及时劝阻，避免因安全保障义务履行缺位而承担侵权责任。

案例十一

试驾机动车发生交通事故应该由谁担责?

杨云霞[①]

案情回顾

王某、陈某、张某、李某四人来到幸运汽车公司的4S店内，在看车过程中，王某与幸运汽车公司签订了试乘试驾协议，幸运汽车公司为王某安排了车辆进行试驾，由员工范某坐在副驾驶位置引导行车路线并具体指示驾驶人驾驶，陈某、张某、李某坐在后排座位。王某按照行车路线在路上行驶时，与道路主辅路隔离花坛内的行道树发生了碰撞，造成王某死亡，范某、陈某、张某、李某受伤，车辆受损。经交管部门鉴定，王某未按操作规范安全驾驶，超速行驶，负事故全部责任，范某等四人不负事故责任。事故当天，陈某被送医救治，经诊断为多处骨折、脾破裂等。因双方未能就赔偿事宜协商一致，故陈某将幸运汽车公司及保险公司诉至法院，要求赔偿医疗费、护理费等各项损失共计62万余元。

审理中，经陈某申请，一审法院委托鉴定机构对陈某的伤残等级、误工期、护理期及营养期进行鉴定，陈某构成八级伤残，误工期180日、护理期90日、营养期90日。事故车辆登记车主为幸运汽车公司，该公司为该车在人寿保险公司投保车上乘客责任保险（限额10000元/座）。

一审法院审理后认为，《最高人民法院关于审理道路交通事故损害赔偿案件适用法律若干问题的解释》第六条规定："机动车试乘过程中发生交通事故造成试乘人损害，当事人请求提供试乘服务者承担赔偿责任的，人民法院应予支持……"本案中，王某、陈某、张某、李某四人到幸运汽车公司4S店看车试车，幸运汽车公司为该四人提供试乘试驾服务，此为幸运汽车公司

① 北京市第二中级人民法院法官助理。

销售行为的一部分，双方实际形成了机动车试乘试驾的法律关系，故幸运汽车公司应当提供安全的试乘试驾车辆和路线场地，不仅要让试乘试驾者对车辆性能有所体验，更要保障试乘试驾过程中的安全。试乘试驾过程中，在发现试驾人王某明显超速驾驶的情况下，范某应及时提醒、制止王某的行为，以确保试驾过程安全有序。本案王某驾驶车辆碰撞前实施制动操作时的车速达到151km/h，碰撞瞬间时速为87km/h，其试驾的道路为城市中的一般公共道路，足以说明范某在试驾过程中未能注意观察试驾人的操作情况，没有及时制止王某不断提速的行为。范某作为汽车销售行业的人员，理应知晓驾驶人在操作试驾车型时存在经验不足、不熟练等安全风险，更应注重安全引导与提示。由于范某疏于安全注意义务，未能及时制止试驾人的违规操作行为，进而发生本案事故，故其对本案事故的发生负有责任。因范某系幸运汽车公司的工作人员，在试乘试驾服务过程中系履行职务行为，应由幸运汽车公司承担赔偿责任。但是发生本案交通事故的原因并非仅幸运汽车公司未尽到安全提醒与保障义务，主要在于王某未遵守相关规定驾驶车辆。王某驾龄已有20余年，理应知道在城市一般公共道路上超速驾驶可能导致的严重后果。不论王某驾驶的是自己的车辆还是幸运汽车公司提供的试驾车，抑或工作人员是否尽到提示义务，均不能免除王某自身应当保持安全规范操作的义务。法院综合考虑试驾人与安全保障义务人所负的责任比重及引发事故的过错程度，酌定幸运汽车公司承担30%的责任。故一审法院判决，人寿保险公司赔偿陈某1万元；幸运汽车公司赔偿陈某14万余元，驳回陈某的其他诉讼请求。

一审判决后幸运汽车公司不服，提起上诉。认为一审法院判决幸运汽车公司承担30%的责任存在错误。陈某是陪同王某购车，不属于准备购车的消费者，其与幸运汽车公司之间并无试乘试驾的法律关系，即使陈某与幸运汽车公司存在试乘试驾法律关系，工作人员对交通事故发生也没有过错。试驾前，幸运汽车公司指派具有经验的工作人员范某先行驾驶，为王某讲述车辆性能，此后才由王某驾驶，王某自身已有多年驾龄，深知超速行驶的危险，对于王某突然超速，范某不可能进行强行制止。公安机关交通管理部门认定王某负全部责任，幸运汽车公司无责任，一审法院脱离公安部门作出的专业认定，背离车辆高速行驶情况下操作方式的正当性、合理性，认定幸运汽车公司工作人员存在失误并判令公司承担 30% 的赔偿责任不当。

二审法院经审理后认为，本案中，王某、陈某等四人到幸运汽车公司看车试车，幸运汽车公司为该四人提供试乘试驾服务，系幸运汽车公司销售行为的一部分，双方形成机动车试乘试驾的法律关系。范某在试驾过程中未能注意观察试驾人王某的操作情况，没有及时制止王某不断提速的行为，存在过错，一审法院判决并无不当。最终判决驳回上诉，维持原判。

法理分析

随着人们对汽车消费需求不断增长，许多商家为了激发顾客的车辆购买欲望，给顾客提供更多机会深入了解和体验车辆，允许顾客进行试乘试驾。由于试乘试驾需要机动车上路行驶，发生交通事故的风险也随之增加，对于机动车试乘试驾过程中发生交通事故后的责任如何承担以及试乘服务提供者应否予以赔偿、其在试乘试驾过程中应承担哪些义务，均值得进一步讨论。

（一）试乘试驾损害赔偿的法律依据及归责原则

试乘作为一种汽车促销行为，属于销售过程的一部分，但试乘需要在道路上行驶，因而也属于一种道路交通活动，受到《道路交通安全法》的约束。一般而言，试乘需要具备以下特征：第一，非营运性。试乘试驾人搭乘的车辆应为非营运车辆，主要是汽车销售商为了销售而提供的用于试乘的车辆。第二，无偿性。试乘试驾应具有无偿性，试乘服务提供者不向试乘试驾者收取费用。第三，合意性。试乘试驾人的试乘行为是经试乘服务者提供者邀请和允许的，即试乘人与试乘服务提供者双方就试乘行为达成合意，正如前述案例所示，实践中有时双方会就试乘试驾行为专门签订协议。

《最高人民法院关于审理道路交通事故损害赔偿案件适用法律若干问题的解释》第六条规定：“机动车试乘过程中发生交通事故造成试乘人损害，

当事人请求提供试乘服务者承担赔偿责任的，人民法院应予支持。试乘人有过错的，应当减轻提供试乘服务者的赔偿责任。”该条明确了机动车试乘过程中发生交通事故的责任承担。而对于在试乘试驾过程中发生交通事故造成人身损害或财产损失时，试乘服务者应承担过错责任还是无过错责任，该规定并未明确。

（二）试乘服务提供者的义务

1. 提供合适的试乘车辆

向试乘试驾人提供合适的试乘车辆是试乘服务提供者应承担的基本义务，更是保障试乘安全的重要环节。对于试乘车辆的“合适”的标准，首先，试乘车辆应不存在安全隐患，车辆性能良好。其次，试乘车辆应为有相应牌照能够正常上路行驶，且按照国家相关规定投保了交强险的车辆。最后，试乘车辆应与试乘试驾人想要购买的车型一致。

2. 配备专业的驾驶或陪驾人员

试乘过程中，试乘服务提供者应当挑选具备一定驾驶经验，且对于试乘车辆较为熟悉的驾驶员来驾驶车辆，以降低试乘过程中可能存在的风险。实践中，汽车作为价值较高的不动产，消费者作出购买决定往往较为谨慎，其在看车试车过程中可能有同行者试乘或试驾，此时驾驶员并非试乘服务提供者选择，试乘服务提供者应配备精通业务的陪驾人员。试乘服务提供者配备的陪驾人员除了应当尽到充分提示和说明义务，将试驾车辆的特殊性能及其他应注意事项全面告知驾驶者外，还应当对驾驶者尽到一定的审核义务，包括驾驶人是否具有相应的驾驶资格、其驾驶证件的准驾车型与试驾车辆是否一致等。

3. 确定安全的试乘试驾路线

试乘试驾路线应当尽量避开人流车流量较大的道路及区域，以保障试乘过程中试乘行为双方、试乘路段车辆及行人的基本安全。此外，试乘路线还应具备足够的长度和宽度，以便试乘人能够有足够距离和场地充分测试车辆的加速度、制动能力等各项基本性能，使试乘试驾人能充分了解和体验车辆，同时让车辆销售者能够充分展示车辆各种性能，以达到其提供试乘服务的目的。

（三）试乘试驾过程中受到损害的责任承担

对于试乘试驾过程中发生交通事故造成的损害后果应如何承担，实践中存在不同情形：

首先，试乘服务提供者承担责任的前提是交通事故中己方车辆负有责任，如果是机动车之间发生碰撞，且对方机动车负全部责任，则试乘服务提供者不承担赔偿责任，如果试乘车辆应承担责任，则需根据不同情形作出认定。

其次，试乘车辆需要承担责任时，按驾驶员不同亦可划分为不同情形。如果试乘车辆驾驶员是试乘服务提供者配备的，应当由试乘服务提供者承担责任，此时试乘车辆驾驶员与该项服务提供者之间为雇佣关系，驾驶员系履行职务行为，试乘服务提供者应承担雇主责任。如果试乘车辆驾驶员是消费者或同行人员，则还需要进一步判断试乘服务提供者是否存在过错进而认定其是否应当承担赔偿责任。如果因车辆本身不安全、试乘路线不合理、陪驾人员未尽到审查义务等原因造成损害的，则试乘服务提供者需承担相应的赔偿责任。如果因驾驶人的驾驶行为不当等自身原因造成损害，还应由试乘车辆驾驶人承担相应的赔偿责任。依据前文所述法律规定，试乘人存在过错的，可以减轻试乘服务提供者的赔偿责任。

就本案而言，王某、陈某等四人到幸运汽车公司试车，幸运汽车公司为四人提供试乘试驾服务，王某系试乘车辆的驾驶人，陈某等人系试乘者，范某系试乘服务提供者配备的陪驾人员，双方之间形成机动车试乘试驾的法律关系。公安机关交通管理部门认定王某负全部责任，范某、陈某等无责任。王某作为具有驾驶经验的试乘车辆驾驶人，未按照安全规范操作，超速驾驶导致事故发生。而范某在试驾过程中未能注意观察驾驶人的操作，没有及时制止王某不断提速的行为，亦存在过错。因范某系职务行为，故相应赔偿责任应由幸运汽车公司承担。故法院最终结合本案实际情况及陈某诉请，判决幸运汽车公司承担 30% 的赔偿责任。

知识拓展

（一）机动车试乘试驾区别于好意同乘

好意同乘是指驾驶人出于好意，无偿地邀请或允许他人搭乘自己车辆的非运营行为，一般构成好意同乘应具备非营运性车辆及无偿搭乘两个要件。在现实生活中好意同乘也较为常见，如顺路捎带朋友回家、好心搭载陌生人一段路程等。《民法典》明确了好意同乘的法律规则，即非营运机动车发生交通事故造成无偿搭乘人损害，属于该机动车一方责任的，应当减轻其赔偿责任，但是机动车使用人有故意或者重大过失的除外。好意同乘作为一种善意施惠、助人为乐的行为，是公序良俗所提倡和鼓励的。《民法典》中新增好意同乘条款，为善意被搭乘人减轻责任，助力相互良善的社会风尚。本案所述机动车试乘试驾虽与好意同乘有一定相似之处，如二者均具有非营运性及无偿性等特点，都涉及交通事故中同乘人的责任承担问题。但二者具有显著区别，好意同乘不以营利为目的，而试乘试驾行为是汽车销售者基于销售目的而提供的无偿试乘服务，具有营利目的。正是基于二者这一根本性区别，发生交通事故后的责任承担适用规则也有所不同。好意同乘情况下发生交通事故，应当减轻被搭乘人的赔偿责任。而出于经营目的提供试乘试驾服务的，只有在试乘人有过错时才能减轻该项服务提供者的赔偿责任。

（二）试乘试驾协议中格式条款的效力认定

格式条款是指当事人为了重复使用而预先拟定，并在订立合同时未与对方协商的条款。汽车销售者在推出试乘试驾服务时，为了控制风险、减少损失，部分销售者会与消费者签订试乘试驾协议，约定试乘试驾造成的事故责任由试驾者自行承担。处于相对弱势地位的试车消费者，往往因为急于了解车辆性能而忽视该协议的具体内容或为了享受试车服务而不得不接受该协议。但前述试乘试驾协议中的免责条款，显然免除了汽车销售者自身的责任，排除了试乘试驾者的主要权利，加重了试乘试驾者的责任，属于格式条款，应为无效。汽车销售者作为试乘试驾活动的组织者，自身从中获取商业利益，其作为车辆的管理者及行业规范的参与者，亦应负担相应的管理责任和义务。

普法提示

如今汽车在人们日常生活中扮演着日益重要的角色，试乘试驾也逐渐成为人们购车时的重要环节。无论是消费者还是汽车销售者都应从自身做起，承担自身应尽的责任与义务。

作为消费者，在试乘试驾时应注意以下几个方面：第一，签订试乘试驾协议时应小心谨慎，认真阅读相关条款内容，必要时要求汽车销售者进行解释说明，尤其对于相关责任条款应进行仔细全面了解。第二，试乘试驾前仔细检查车况，确保车辆状况良好，是否符合安全驾驶条件，检查车辆是否按规定申请号牌，向工作人员核实询问车辆是否投保等。如果消费者作为驾驶人，还应提前熟悉试驾路线，请工作人员介绍车辆性能和各项注意事项，降低试驾过程的风险。第三，试乘试驾时尽量选择有一定驾驶经验的人驾驶车辆或邀请有经验的同伴陪驾，试驾过程中应严格按照操作规范安全谨慎驾驶。

作为试乘试驾服务提供者，在享受试乘试驾服务带来的利益的同时，亦应承担起应有的社会责任。第一，汽车销售者应当按照要求提供符合条件试乘试驾车辆，保证车辆的基本性能良好，确保试乘车辆有号牌并投保交强险。为了分散风险减少损失，可以根据实际情况投保合适险种。第二，汽车销售者应根据消费者的选择和需要，配备经验丰富的专业工作人员驾驶车辆或陪驾，在试乘前充分向试乘试驾人说明注意事项。如消费者自身为驾驶人，应当认真核实其驾驶资格、驾驶证件与准驾车型是否相符合等，严格履行审查义务。第三，谨慎合理地选择试驾路线，确保路线可以充分展示车辆的优势及各项性能，给消费者良好的试乘试驾体验。第四，陪驾工作人员在消费者试驾过程中应时刻关注驾驶人的操作，提醒驾驶人安全驾驶，如驾驶人出现违规操作等情况，应及时采取相应措施制止，减少事故发生。

案例十二

因撞到动物发生交通事故，应该由谁担责？

杨云霞[①]

案情回顾

一天，罗某驾驶小型轿车在高速公路上行驶，突然车辆前部碰撞到一个体型较小的动物后失衡，车辆右侧尾部与道路右侧护栏发生碰撞（第一次碰撞），这时，贾某驾驶小型客车行驶至此路段，贾某的车辆左前侧与道路中央隔离护栏发生碰撞，失控后的车辆又与罗某驾驶的车辆发生第二次碰撞，造成罗某及乘车人吴某受伤，两车及高速公路设施不同程度损坏。后吴某诉至法院，要求贾某、罗某及二人车辆投保的保险公司、京石高速公司、河北交通公司赔偿其医疗费、营养费、护理费、残疾赔偿金等共计314万余元。

交通管理部门经调查出具了事故认定书，认定驾驶人罗某、贾某未按操作规范安全驾驶机动车，本次交通事故第一次碰撞罗某负全部责任，第二次碰撞贾某负全部责任，乘车人吴某无责任。通过对路面遗留血迹及组织进行鉴定发现，罗某第一次碰撞的路面障碍物为猪，而该动物如何出现在高速路面尚无法查清。

对于吴某伤情与第二次碰撞的因果关系问题，第一次鉴定结论载明未检见有客观证据表明吴某所受损伤与贾某车辆剐碰罗某车辆的车体有对应关系。而第二次鉴定结论载明贾某驾驶车辆事故时的车速无法鉴定，无法确定吴某的伤痕在事故中与车体的对应关系。罗某驾驶的车辆在保险公司投保车上人员责任险（乘客）。贾某驾驶的车辆在保险公司投保交强险及商业三者险。

经医院诊断，吴某为开放性颅脑损伤特重型、颅骨骨折等，对此吴某亦提交了医疗费、护工费、交通费等票据佐证其损失。经鉴定，吴某属于重度

① 北京市第二中级人民法院法官助理。

智能减退，不能完全独立生活，需经常有人监护，构成三级伤残；左侧肢体肌力Ⅲ级（偏瘫），构成四级伤残；颅脑损伤经手术治疗后，构成十级伤残，综合伤残赔偿指数为90%。后吴某经法院宣判为无民事行为能力人，妻子姚某被指定为监护人。

高速公司提供了事故发生期间高速公路养护巡查日志，含每日养护巡查日志、清扫车作业日志，用于证明其公司履行了安全防护管理维护义务。

一审法院经审理后认为，结合吴某伤情与第二次碰撞的因果关系的鉴定结论，在双方均未提供证据证明吴某所受损伤与第二次碰撞之间有因果关系的情况下，吴某要求贾某及其保险公司赔偿损失的诉讼请求，法院不予支持。因事故发生地点为高速公路路段，属于高速公司负责经营、管理、养护地段，高速公司具备独立承担民事责任的主体资格，根据道路交通事故认定、鉴定意见及双方提供证据的情况，法院确认吴某所受损伤系因第一次碰撞所致，故罗某应承担赔偿责任。因罗某驾驶车辆系非营运车辆善意搭载吴某，依法可减轻罗某的赔偿责任。高速公司作为收费公路的经营者、管理者，保障公路安全、畅通是其基本职责之一，本案中路面存在障碍物系导致第一次碰撞的重要原因，而该动物从何处来、在此处存在了多久均应由高速公司完成举证更为合理，但高速公司未对此举证。现高速公司仅提供了巡查日志即称完成了管理责任有违公众认知。作为24小时运营收费公路管理责任应时刻存在，现高速公司提供的巡查日志主要为日间记录，缺乏24小时履行管理责任的证据，综上，法院确定高速公司应在其承担管理责任范围内承担补充赔偿责任。一审法院判决，保险公司在车上人员责任险（乘客）责任限额内赔偿吴某10000元，罗某赔偿吴某各项费用共计219万余元，高速公司在保险公司、罗某不能履行赔偿义务时，在20%范围内承担补充赔偿责任。

一审判决后罗某、高速公司均不服，并提起上诉。罗某认为一审法院存在程序违法且未查清事故发生的根本原因，贾某应承担加重吴某伤势的主要责任，一审法院未判决贾某承担赔偿责任有误，要求查清小动物的来源，如果查不清，则应由高速公司承担赔偿责任而并非补充赔偿责任，罗某不应承担责任。高速公司则认为，一审法院在无法进一步查清路面障碍物是否存在的情况下，直接推测高速公路存在障碍物并将举证责任分给高速公司有误，未有资料显示路面存在障碍物，且其公司已经按规定履行养护巡查义务，不应承担赔偿责任。

二审中，法院调取了交警在高速公路监控室用执法记录仪拍摄的视频，该视频显示案涉事故发生后交警调取事故路段视频，高速公路工作人员在电脑上操作后发现，因监控探头损坏，无法调取该视频。

二审法院经审理后认为，关于罗某上诉主张贾某车辆的二次碰撞加重了吴某伤情问题，公安机关交管部门曾先后两次鉴定，但鉴定机构并未对二者是否有因果关系进行明确认定，结合车辆碰撞情况、吴某受伤情况、各方对案件事实的陈述及本案现查明的事实，依据日常生活经验和逻辑法则，难以排除吴某所受损伤与第二次碰撞之间不存在因果关系。尤其在吴某因第一次碰撞头部已经受到重伤的情况下，第二次碰撞有极大可能会加重吴某伤势，故贾某应对吴某损失承担一定赔偿责任。结合本案实际认定罗某承担 50% 的赔偿责任，因其善意搭载吴某应依法减轻赔偿责任，最终认定罗某承担 35% 的赔偿责任，贾某承担 10% 的赔偿责任。关于高速公司应承担的责任，高速公司对事故发生路段负有经营、管理、养护职责，有义务保证公路安全、畅通。但第一次碰撞系因路面障碍物所致，高速公司作为养护单位对该路段监控视频或公路具体情况的查明具有一定的天然优势，但本案中其未能提交监控视频，亦未能对障碍物来源进行明确说明。其作为 24 小时运营的收费公路，管理职责亦时刻存在，应对路面障碍物及时发现并清理，仅依据其提交的巡查日志难以认定其已经充分尽到养护管理义务，最终认定高速公司应对吴某合理损失承担 40% 赔偿责任。如其认为涉及其他责任主体，可在证据充分条件下另行主张权利。据此，二审法院改判罗某赔偿吴某各项损失共计 95 万余元，贾某车辆保险公司在交强险及商业三者险保险限额内赔偿吴某损失共计 27 万余元，高速公司赔偿吴某各项损失共计 110 万余元。

法理分析

从上述案例我们可以看出，在对交通事故导致的损害赔偿责任进行划分时，责任主体不仅包含肇事方，还可能涉及养护管理职责缺位的道路管理者。那么道路管理者承担责任的法律依据有哪些？由其承担责任应适用何种归责原则？

（一）道路管理者承担赔偿责任的法律依据

《最高人民法院关于审理道路交通事故损害赔偿案件适用法律若干问题的解释》规定了因道路管理维护缺陷导致机动车发生交通事故造成损害，当事人请求道路管理者承担相应赔偿责任的，人民法院应予支持，但道路管理者能够证明已按照法律、法规、规章、国家标准、行业标准或者地方标准尽到安全防护、警示等管理维护义务的除外。该条对因道路管理维护缺陷导致交通事故造成损害的赔偿责任主体进行了明确，即因道路管理者管理维护缺陷造成交通事故且构成交通事故的发生原因之一的，道路管理者应当承担相应赔偿责任。《民法典》第一千二百五十六条规定，在公共道路上堆放、倾倒、遗撒妨碍通行的物品造成他人损害的，由行为人承担侵权责任。公共道路管理人不能证明已经尽到清理、防护、警示等义务的，应当承担相应的责任。该条也明确了公共道路管理人在不能证明自身尽到清理、防护等义务造成损害时应承担相应责任。

（二）道路管理者承担责任的归责原则及构成要件

结合前述法律及司法解释规定，对于因道路管理者维护缺陷导致损害责任归责原则应为过错推定原则，即推定道路管理者具有过错，如道路管理者不能证明其没有过错，应该承担相应的赔偿责任。有观点认为，前述过错推定原则，增加了道路管理者的举证责任，尤其对非收费公路，管理部门不能从运营中获利，将会极大增加其管理成本。但前述观点值得商榷，首先，过错推定责任本质上为过错责任，道路管理者为其过错承担赔偿责任符合现代侵权责任法理论。作为道路管理者，《道路交通安全法》《公路法》等都规定了道路管理者的相关义务，如果道路管理者未尽到前述法律法规明确规定的义务导致损害发生，即构成了过错，应当对此承担相应责任。其次，过错推定责任并不过分加重道路管理者的责任。道路管理者的管理维护义务是由法律行政法规规定的，只要管理者举证证明其已按照相关标准履行前述义务，即不存在过错，也不承担侵权责任。最后，过错推定责任符合《民法典》侵权责任编以保护被侵权人为中心的立法思路。

结合侵权责任构成要件的一般规定，道路管理者因维护缺陷构成侵权的要件包括以下几点：第一，道路管理者实施了违反安全防护、警示等义务的行为。实践中道路管理者违反前述义务的行为通常表现为不作为方式。第二，相对人人身、财产受到损害，产生了相应损害后果。第三，相对人人身、财产损害后果与道路管理者实施违反相关义务的行为之间存在因果关系。即道路管理者维护缺陷是造成损害结果的原因或原因之一。第四，道路管理者违反安全防护、警示义务的行为存在过错。只有同时满足以上四个要件，道路管理者才承担相应赔偿责任。

本案中，高速公司作为事发路段道路管理者，对该路段负有管理养护职责，有义务保障路面安全、畅通。因其未及时发现并清理路面障碍物导致案涉事故发生并造成吴某受伤，其未履行相关管理职责与吴某受伤存在因果关系，且其作为24小时运营的收费公路，管理职责和义务时刻存在，而现有证据并不能证明其公司充分履行了应尽义务。从查明事实的角度而言，高速公司作为道路养护单位对事发路段监控视频或公路具体情况的查明具有一定天然优势，但本案中因监控探头损坏，导致未能查清障碍物来源，高速公司亦有一定过错。故最终法院认定高速公司承担40%的赔偿责任。

知识拓展

（一）道路及道路管理者的界定

对于道路管理者的主体范围界定，应结合我国道路管理现状，以相应的法律、法规为依据进行判断。我国对于道路管理采取多层级、多元化管理模式，公路按照不同标准进行划分。我国《公路法》第六条第一款规定，公路按其在公路路网中的地位分为国道、省道、县道和乡道，并按技术等级分为高速公路、一级公路、二级公路、三级公路和四级公路。具体划分标准由国务院交通主管部门规定。而依据公路是否收费标准，公路又可分为收费公路和非收费公路。收费公路是指按照相关规定，经批准依法收取车辆通行费的公路，又可分为政府还贷公路和经营性公路。非收费公路是指全部由政府投资或者社会组织、个人捐资建设的公路。对于因公路管理维护缺陷导致损害的责任主体界定，需要依据我国法律、行政法规、规章等，按照对公共道路实际支配和控制、负有法定管理职责的角度进行判断，实现权责一致，避免盲目扩大道路管理者的范围。

（二）道路管理者应承担的责任类型

对于何为道路管理维护缺陷，我国法律并未明确列出具体情形，实践中对道路管理者的责任进行认定时还应当结合该路段具体情况及相关法律法规作出认定。从相关道路管理法律规定中可以看出，道路管理者的责任包含但不限于以下类型：

第一，危险警示责任。《道路交通安全法》第三十条第一款规定，道路出现坍塌、坑漕、水毁、隆起等损毁或者交通信号灯、交通标志、交通标线等交通设施损毁、灭失的，道路、交通设施的养护部门或者管理部门应当设置警示标志并及时修复。

第二，道路养护责任。《公路法》第三十五条规定，公路管理机构应当按照国务院交通主管部门规定的技术规范和操作规程对公路进行养护，保证公路经常处于良好的技术状态。

第三，安全巡查责任。《公路安全保护条例》第四十七条第一款规定，公路管理机构、公路经营企业应当按照国务院交通运输主管部门的规定对公路进行巡查，并制作巡查记录；发现公路坍塌、坑槽、隆起等损毁的，应当及时设置警示标志，并采取措施修复。

第四，路面保洁、清障责任。《公路养护技术规范》第4.1.1条规定，路面养护应符合下列要求：1. 经常清扫路面，及时清除杂物、清理积雪积水，保持路面整洁，做好路面排水。2. 加强路况巡查，发现病害，及时维修、处治。

普法提示

作为普通大众，在享受交通便利条件的同时，一定时刻牢记安全驾驶，注意观察路面周围环境，严格遵守相关交通法规。除按照法律强制规定为车辆投保交强险外，还可以根据自身实际情况投保相关商业险，以便在交通事故发生后能够分散风险减少损失。在发生交通事故后，要冷静自救，及时拨打110及120求救，同时可以采用拍照或录视频的方式保存相关证据，为维权做好充分准备。

作为道路和交通设施的养护和管理部门，无论是收费公路还是非收费公路，都应当加强对道路的维修、养护，严格按照法律法规的相关要求履行巡查义务，发现路面存在障碍物或安全隐患后，及时设置相应安全警示标志并迅速采取措施消除该安全隐患，保障道路的安全畅通，切实承担起道路管理者的责任。此外，道路管理者对于道路情况的查明具有天然优势，事故发生后的监控录像对于事实经过的查明具有重要影响，相关道路管理者亦应当及时更新维护电子监控设备等，保存好相关证据资料，不仅有利于查清事实，也有利于道路管理者承担责任后向真正责任人追责。

第二章

机动车交通事故损害赔偿

案例一

如何计算残疾赔偿金？

杨超[①]

案情回顾

一天，朱某驾驶货车与李某发生碰撞，造成李某受伤。交通支队出具交通事故认定书，认定朱某未安全驾驶，负全部责任，李某无责任。后李某向法院起诉要求朱某所在公司赔偿其伤残赔偿金、误工费、医疗费等各项损失，并要求保险公司在保险范围内承担赔偿责任。李某在起诉时，主张其一直在受诉法院所在地居住和工作，故要求按照城镇标准计算其残疾赔偿金数额。

经查，李某是农村户籍，事故发生后，李某到医院就诊，医院病历载明其伤情为骨折、身体多处损伤。

一审庭审过程中，应李某申请，经法院委托，鉴定机构出具司法鉴定意见书，鉴定意见显示，李某因案涉交通事故三处损伤致残等级分别为八级、九级、十级，综合评定，致残率为40%。为证明应当按照城镇标准赔偿其残疾赔偿金，李某向法院出示了居住证明、房屋租赁合同、《劳动合同》等证据。

一审法院经审理认为，交通管理部门出具的交通事故认定书认定朱某负事故的全部责任。朱某系其公司的员工，其在从事职务行为过程中对李某的身体造成伤害，根据《最高人民法院关于审理人身损害赔偿案件适用法律若干问题的解释》第九条相关规定，应当由其所在公司承担赔偿责任，案涉车辆在保险公司投保交强险及商业三者险，保险公司应在保险限额内承担相应责任，超过保险范围的由公司承担。根据李某提交的居住证明及劳动合同等相关证据，可以认定李某的经常居住地及主要收入来源均为城镇，因此应当按照城镇居民标准计算残疾赔偿金。

---

① 北京市第二中级人民法院法官助理。

保险公司认为李某提供的证据不足以证明其经常居住地和主要收入来源于城镇，应当按照农村标准计算其伤残赔偿金，上诉至二审法院。

二审庭审中，各方均未提供新证据。二审法院经审理认为，李某提交的《劳动合同》、居住证明等相关证据，可以认定李某的经常居住地及主要收入来源于城镇，一审法院据此按照城镇居民标准计算李某的残疾赔偿金有事实和法律依据。

法理分析

（一）残疾赔偿金的定义

残疾赔偿金是指对受害人因人身遭受损害致残而丧失全部或者部分劳动能力的财产赔偿。由于人身损害造成的残疾，受害人劳动能力部分丧失或者全部丧失，因此，受害人遭受人身损害以后，会减少或者丧失自己的收入。

（二）法律依据

《民法典》第一千一百七十九条规定，侵害他人造成人身损害的，应当赔偿医疗费、护理费、交通费、营养费、住院伙食补助费等为治疗和康复支出的合理费用，以及因误工减少的收入。造成残疾的，还应当赔偿辅助器具费和残疾赔偿金；造成死亡的，还应当赔偿丧葬费和死亡赔偿金。

《最高人民法院关于审理人身损害赔偿案件适用法律若干问题的解释》第十二条规定，残疾赔偿金根据受害人丧失劳动能力程度或者伤残等级，按照受诉法院所在地上一年度城镇居民人均可支配收入或者农村居民人均纯收入标准，自定残之日起按二十年计算。但六十周岁以上的，年龄每增加一岁减少一年；七十五周岁以上的，按五年计算。受害人因伤致残但实际收入没有减少，或者伤残等级较轻但造成职业妨害严重影响其劳动就业的，可以对残疾赔偿金作相应调整。

（三）计算公式

依据前述法律规定，残疾赔偿金 = 伤残赔偿指数 × 受诉法院所在地上一年度城镇居民人均可支配收入或者农村居民人均纯收入 × 赔偿年限。

按照受害人年龄，则细化为以下三种计算方式：

1. 残疾赔偿金（60 周岁以下的人）= 伤残赔偿指数 × 受诉法院所在地上一年度城镇居民人均可支配收入或者农村居民人均纯收入 ×20 年。

2. 残疾赔偿金（60 周岁以上的人）= 伤残赔偿指数 × 受诉法院所在地上一年度城镇居民人均可支配收入或者农村居民人均纯收入 ×（20 年—增加岁数）。

3. 残疾赔偿金（75 周岁以上的人）= 伤残赔偿指数 × 受诉法院所在地上一年度城镇居民人均可支配收入或者农村居民人均纯收入 ×5 年。

需要指出的是，如果出现"受害人因伤残但实际收入没有减少，或者伤残等级较轻但造成职业妨害严重影响其劳动就业的"情形，可按规定对残疾赔偿金作相应调整。

（四）伤残赔偿指数

一级伤残的伤残赔偿指数为 100%、二级伤残的伤残赔偿指数为 90%，以此类推，至十级伤残为 10%。受害人构成多处伤残的且最高伤残等级非一级伤残的，在最高伤残等级的伤残赔偿指数的基础上，每增加一处伤残所增加的附加指数，按照相关规定计算。

需要指出的是，人体伤残程度评定中"累计伤残赔偿指数"的具体计算方法，国内尚无统一规定，存在较大的区域性差异。

（五）确定残疾赔偿金数额的事实依据

第一，受害人是否构成伤残；第二，受害人的定残时间；第三，受害人的户口性质；第四，受害人的年龄；第五，受害人是农村户籍的，是否在城镇居住以及从事非农生产。

（六）残疾赔偿金计算标准的认定

根据现行法律规范及相关司法实践，死亡赔偿金、残疾赔偿金的赔偿标准一般根据案件的实际情况，结合受害人住所地、经常居住地、主要收入来源地等因素综合判断。对于进城务工的农村户籍居民遭受人身损害，其经常居住地位于农村，但主要收入来源于城镇的，原则上应按城镇居民标准计算残疾赔偿金。

具体到本案中，因受诉法院所在地为北京，朱某负事故的全部责任，李某年龄为60周岁以下，其虽为农业户籍，但综合考虑其经常居住地及主要收入均来源于城镇，参考其伤残鉴定结论，李某伤残赔偿金数额应为：40%×该市上一年度城镇居民人均可支配收入×20年。

知识拓展

通过以上介绍，相信大家对残疾赔偿金的法律依据、计算方法及标准有了一定的认识和了解。但随着我国经济社会的发展，残疾赔偿金计算标准的改革也进一步提上日程。

2019年4月15日，中共中央、国务院《关于建立健全城乡融合发展体制机制和政策体系的意见》第十七条明确提出，改革人身损害赔偿制度，统一城乡居民赔偿标准。在我国户籍制度改革政策框架基本构建完成，城乡统一户口登记制度全面建立，各地取消农业户口与非农业户口性质区分的时代背景下，经充分调研，最高人民法院于2019年9月2日印发《关于授权开展人身损害赔偿标准城乡统一试点的通知》。截至目前，广东、广西、福建（厦门市、莆田市、平潭县）、上海、江苏（淮安市、宿迁市、连云港市、盐城市）、浙江（金华市、湖州市、衢州市、绍兴市、温州市）、安徽、河南、湖南（郴州市、长沙市）、山西、陕西、新疆、四川（成都市、遂宁市、宜宾市、阿坝藏族羌族自治州）、贵州（铜仁市印江县、黔南州三都县）、黑龙江、上海、天津、湖北等多地法院纷纷出台相关试行办法，宣布本省全部或部分法院司法审判中，推行城镇居民与农村居民人身损害统一赔偿标准。需要注意的是，各地法院试行的时间不同，适用的案件类型也不一致，有的规定仅限于交通事故人身损害赔偿案件，有的仅规定了一审尚未审结案件适用。

2020年3月24日，为贯彻落实中央精神，按照《最高人民法院关于授权开展人身损害赔偿标准城乡统一试点的通知》的要求，北京市高级人民法院决定在全市法院开展人身损害赔偿纠纷案件统一城乡居民赔偿标准试点工作，发布《北京市高级人民法院关于开展人身损害赔偿纠纷案件统一城乡居民赔偿标准试点工作的通知》，全市法院受理的侵权行为发生于2020年4月1日（含本日）后的机动车交通事故责任纠纷案件、交通肇事刑事案件的附带民事诉讼案件不再区分城镇居民与农村居民，试行按统一赔偿标准计算残疾赔偿金、死亡赔偿金及被扶养人生活费（被扶养人生活费计入残疾赔偿金或死亡赔偿金）：残疾赔偿金、死亡赔偿金按照北京市上一年度全市居民人均可支配收入标准计算；被扶养人生活费按照北京市上一年度全市居民人均消费性支出标准计算。

普法提示

第一，树立安全文明出行理念。通过对类案进行充分的调研分析，我们发现道路交通事故发生的原因多样。诸多交通事故的发生是因为当事人在行车过程中未严格遵守交通法律、法规，超速行驶、逆向行驶、违反交通信号灯通行、行车时使用通信工具等，交通违法行为仍然是近几年交通事故发生的主要原因。同时，有少量案件涉及酒驾、醉驾、未取得机动车驾驶资格驾车等违法行为。就交通事故形态方面，有电动三轮车与小客车、电动二轮车或三轮车、自行车及路人发生碰撞的案例均有发生，也有货车、小客车与小客车、行人发生交通事故的案例。有的事故造成行人或者司机、同车人受伤，情况严重的致残甚至死亡。在此，提醒大家在日常生活中要主动学习道路交通安全法律、法规，牢记“细节关乎生命，安全文明出行”的理念。在出行时，一定要注意交通安全，遵守道路交通安全各项法律、法规，严禁超速、逆行等，避免疲劳驾驶，杜绝酒驾醉驾行为。同时，要注意日常对车辆的维护，对于存在安全隐患的车辆要及时报备修理，对于应报废的车辆应在报废期前进行更换。在出行前，应对车辆进行安全检查，确保车辆的安全性能。如果车辆为机动车，需要及时为车辆投保机动车交通事故责任强制保险。有条件的，还可以投保商业三者险。此外，在遇到雨雪等极端恶劣天气经过学校、繁华路段、十字路口、穿行于小区内以及不熟悉的路段时，要谨慎慢行，注意随时观察道路警示标志，及时预判驾驶状态。如果在行车的过程中遭遇交通事故，需沉着、理性应对。如果有人员受伤，需及时拨打急救电话抢救伤者。同时，报投保的保险公司，注意保护好现场。

第二，了解残疾赔偿金适用标准依法维权。对于机动车交通事故责任纠纷案件伤残赔偿金的计算标准，随着改革的逐步推进，标准逐渐统一是大趋势。当前，已启动人身损害赔偿标准城乡统一试点的部分法院，已统一或即将统一适用城镇标准。各法院应按照要求开展试点工作，确保法律适用规范统一，并注意做好对当事人的解释说明工作。当事人在计算残疾赔偿金时，亦需关注各地试点通知中的具体规定，确认自身是否符合相应要求，依据相关法律规定在准确计算的基础上主张自己相应的合法权益。同时，需要注意的是，对于还未推进或试行试点改革的地区，当事人如果在诉讼中主张按照城镇居民标准计算其残疾赔偿金时，应向法院提供其相关社保记录、工资完税证明、居住证明、劳动合同、工作证明或银行账户历史流水清单等证据证明自己的主要收入来源于城镇，在诉讼中积极、充分举证，以充分维护自身的合法权益。

案例二

交通事故案件中被扶养人生活费的计算

李靖元[1]

案情回顾

2018年8月，杨天驾驶小型轿车由北向南行驶，在行驶过程中与驾驶电动三轮车由西向东行驶的王军发生碰撞，事故造成两车损坏，王军受伤。经交管部门认定，杨天属于酒后驾车，对本次事故负全部责任，王军无责任。事故发生后当日，王军被送往医院就医，被诊断为锁骨粉碎性骨折。因此次交通事故，经司法鉴定所鉴定，王军人体损伤致残程度为十级伤残。王军的父亲王刚在事故发生时已经73岁，母亲吴梅在事故发生时已经71岁，二人均系农民，无经济来源。王刚与吴梅共生育三个子女。王军与其妻子刘霞共生育一子，事故发生时已成年且有固定收入。杨天系顺达快递公司职员，在履行职务过程中发生了交通事故，其驾驶的车辆在保险公司投保了交强险及商业三者险，无不计免赔。

因各方未能达成一致意见，王军将杨天、顺达快递公司、保险公司诉至法院，要求杨天、顺达快递公司、保险公司共同赔偿其医疗费、住院伙食补助费、营养费、被扶养人生活费、伤残赔偿金等各项损失。

一审法院经审理后认为，本案中，杨天属于酒后驾车，对本次事故负全部责任，杨天系顺达快递公司职员，在履行职务过程中发生交通事故，应由顺达快递公司承担责任。而根据顺达快递公司与保险公司签订的商业三者险合同，酒后驾车属于免责条款，保险公司提交的保险单可以证明其对免责条款尽到了提示义务，故交强险不足部分应当由顺达快递公司赔偿。关于被扶养人生活费，因王军系在城镇工作，对其主张的被扶养人生活费按照2018

---

① 北京市第二中级人民法院法官助理。

年度城镇居民人均消费支出标准计算更为合理。王刚与吴梅均丧失劳动能力且无其他生活来源，因此其二人属于被扶养人。考虑到王军的伤残等级以及家庭情况等因素，一审法院对被扶养人生活费进行了认定。此外，一审法院对王军主张的医疗费、营养费、伤残赔偿金等一并作出了认定。

顺达快递公司不服一审判决，提起上诉。顺达快递公司认为，王军虽然在城镇工作，但被扶养人均未在城镇生活且为农村户口，故一审法院按照城镇居民人均消费支出标准计算被扶养人生活费是错误的。

被上诉人王军答辩称，被扶养人生活费计算应以受害人在道路交通事故发生时的个人情况来确定是适用城镇标准还是农村标准。王军居住在城镇且收入来源于城镇，故被扶养人生活费应按照城镇标准计算。

二审法院经审理认为，关于被扶养人生活费的计算标准，根据查明的事实及双方二审的一致认可，被侵权人王军在城镇居住且工作收入来源于城镇，其残疾赔偿金应当按照城镇标准计算。双方对于被扶养人生活费是按照被扶养人本人还是被侵权人的标准存在争议。根据相关规定，被扶养人生活费自始至终都是属于被侵权人未来收入损失的一部分，因而与被侵权人的实际情况相关联，与被扶养人的个人情况无关，故在具体赔偿时应以被侵权人的个人情况确定适用标准。一审法院对被扶养人生活费的计算标准无误，顺达快递公司的该项上诉请求，二审法院不予支持。

法理分析

（一）被扶养人生活费应以受害人的个人情况作为判断适用城镇标准还是农村标准的依据

被扶养人的生活费是与受害人的情况密切相关的，原因主要有两个方面：一是从司法解释的理论基础来看，被扶养人生活费的计算方法最初是在《最高人民法院关于审理人身损害赔偿案件适用法律若干问题的解释》中予以规定的，被扶养人生活费赔偿的并非被扶养人的实际生活需要，而是因受害人伤残或死亡后导致的受害人个人收入中用于家庭成员生活消费需要的减少的部分。二是从法律规定的前后演变来看，当制定《最高人民法院关于审理人身损害赔偿案件适用法律若干问题的解释》时，考虑到当时的《民法通则》中有赔偿“被扶养人生活费”的规定，为了保持与相关法律的协调和一致，故《最高人民法院关于审理人身损害赔偿案件适用法律若干问题的解释》将受害人未来的收入损失人为地分解为死亡赔偿金（残疾赔偿金）和被扶养人生活费两个部分，也就是死亡赔偿金或者残疾赔偿金加上被扶养人生活费就等于受害人的全部收入损失。原《侵权责任法》实施后，最高人民法院又下发了通知，明确了不再将被扶养人生活费作为单独的赔偿项目，而是将被扶养人生活费计入残疾赔偿金或死亡赔偿金中予以赔偿，也就是原《侵权责任法》实施后的死亡赔偿金或残疾赔偿金实际等于《最高人民法院关于审理人身损害赔偿案件适用法律若干问题的解释》规定的死亡赔偿金或残疾赔偿金与被扶养人生活费相加之和，这样就终于明确了残疾赔偿金、死亡赔偿金就是对受害人未来收入的完整的赔偿。

因此，无论是从被扶养人生活费的理论基础还是从历史演变均可以看出，相关法律、司法解释规定的被扶养人生活费自始至终都是属于受害人未来收入损失的一部分，因而与受害人的实际情况相关联，与被扶养人的个人情况无关，在具体赔偿时应以受害人在道路交通事故发生时的个人情况来确定是适用城镇标准还是农村标准予以计算。本案中，被侵权人王军在城镇居住且工作收入来源于城镇，因此被扶养人生活费应按照城镇标准进行计算。

此外，需要说明的是，根据《最高人民法院关于授权开展人身损害赔偿标准城乡统一试点的通知》的要求，目前全国许多省已经对开展人身损害赔偿标准城乡统一开始了试点工作。以北京为例，2020 年 3 月 24 日，北京市高级人民法院发布了《关于开展人身损害赔偿纠纷案件统一城乡居民赔偿标准试点工作的通知》(以下简称《通知》)，该《通知》的主要内容为：全市法院受理的侵权行为发生于 2020 年 4 月 1 日（含本日）后的机动车交通事故责任纠纷案件、交通肇事刑事案件的附带民事诉讼案件不再区分城镇居民与农村居民，试行按统一赔偿标准计算残疾赔偿金、死亡赔偿金及被扶养人生活费（被扶养人生活费计入残疾赔偿金或死亡赔偿金）：残疾赔偿金、死亡赔偿金按照北京市上一年度全市居民人均可支配收入标准计算；被扶养人生活费按照北京市上一年度全市居民人均消费性支出标准计算。由以上内容可知，侵权行为发生于2020年4月1日（含本日）后的机动车交通事故责任纠纷案件、交通肇事刑事案件的附带民事诉讼案件中关于被扶养人生活费的计算标准统一为：北京市上一年度全市居民人均消费性支出，即在计算被扶养人生活费时，不再对城镇居民人均消费性支出和农村居民人均消费性支出进行区分。

（二）被扶养人生活费的计算

《最高人民法院关于审理人身损害赔偿案件适用法律若干问题的解释》第十七条规定："被扶养人生活费根据扶养人丧失劳动能力程度，按照受诉法院所在地上一年度城镇居民人均消费性支出和农村居民人均年生活消费支出标准计算。被扶养人为未成年人的，计算至十八周岁；被扶养人无劳动能力又无其他生活来源的，计算二十年。但六十周岁以上的，年龄每增加一岁减少一年；七十五周岁以上的，按五年计算。被扶养人是指受害人依法应当承担扶养义务的未成年人或者丧失劳动能力又无其他生活来源的成年近亲属。被扶养人还有其他扶养人的，赔偿义务人只赔偿受害人依法应当负担的部分。被扶养人有数人的，年赔偿总额累计不超过上一年度城镇居民人均消费性支出额或者农村居民人均年生活消费支出额。"上述司法解释规定了被扶养人生活费的计算方法。

结合本案来看，因王军经鉴定为伤残等级十级。王军的父亲王刚在事故发生时已经年满73岁，母亲吴梅在事故发生时已经年满71岁，其二人的扶养人共计三人，关于王刚的被扶养人生活费计算公式为：受诉法院所在地上一年度城镇居民人均消费性支出 ×7（60周岁以上的，年龄每增加一岁减少一年）÷3（对被扶养人承担扶养义务的人数）×10%（伤残指数）。关于吴梅的被扶养人生活费计算公式为：受诉法院所在地上一年度城镇居民人均消费性支出 ×9÷3×10%。

知识拓展

（一）对“丧失劳动能力又无其他生活来源”的相关理解

在司法实践中，关于“丧失劳动能力”可以从以下几个方面进行考虑：1. 达到法定退休年龄；2. 经劳动能力鉴定不具有劳动能力；3. 有证据证明身患残疾不能从事正常工作；4. 有证据证明身患疾病不能从事正常工作。

（二）计算被扶养人生活费时，应以何时为准确定被扶养人的范围？

在司法实践中，计算被扶养人生活费时，被扶养人以被侵权人定残前或生前依法应当承担扶养义务的人为限。被侵权人定残时或死亡时其尚未出生的胎儿，出生后为活体的，属于被扶养人。

（三）被侵权人之配偶是否属于被扶养人的范围？

根据《民法典》第一千零五十九条规定：夫妻有相互扶养的义务。被侵权人之配偶如果没有劳动能力，亦无其他生活来源的，属于被扶养人的范围。

（四）被扶养人为未成年人时，被扶养人生活费的计算

被扶养人为未成年人时，被扶养人生活费的计算方式为：受诉法院所在地上一年度城镇居民人均消费性支出和农村居民人均年生活消费支出 ×（18- 被扶养人实际年龄）÷ 对被扶养人承担扶养义务的人数 × 伤残赔偿指数（如果受害人在发生事故时死亡，则不需要乘以伤残赔偿指数）。具体是否统一按照城镇标准应根据各省市关于开展人身损害赔偿纠纷案件统一城乡居民赔偿标准进行认定。

例如，何文因交通事故受伤，事故经交管部门认定，肇事者姚远负本次交通事故全部责任，何文无责任。双方未达成一致意见，何文起诉至法院要求姚远赔偿其各项损失，本次交通事故造成何文十级伤残（赔偿指数 10%）。

在这个案例中，何文要求姚远赔偿其被扶养人生活费，该费用应如何计算？根据何文的家庭状况，其父母均未退休，具有一定的收入来源，因此何文的父母不属于被扶养人范围。何文一家三口均长期生活在城镇，其女儿萍萍在本次事故发生时已满10周岁，在该种情况下，萍萍的扶养人为其父母二人，被扶养人生活费的计算应为：受诉法院所在地上一年度城镇居民人均消费性支出 $\times 8 \div 2 \times 10\%$。

（五）履行职务行为期间发生交通事故致人损害的责任认定

原《侵权责任法》第三十四条规定："用人单位的工作人员因执行工作任务造成他人损害的，由用人单位承担侵权责任。劳务派遣期间，被派遣的工作人员因执行工作任务造成他人损害的，由接受劳务派遣的用工单位承担侵权责任；劳务派遣单位有过错的，承担相应的补充责任。"《民法典》第一千一百九十一条规定："用人单位的工作人员因执行工作任务造成他人损害的，由用人单位承担侵权责任。用人单位承担侵权责任后，可以向有故意或者重大过失的工作人员追偿。劳务派遣期间，被派遣的工作人员因执行工作任务造成他人损害的，由接受劳务派遣的用工单位承担侵权责任；劳务派遣单位有过错的，承担相应的责任。"由以上法律规定可以看出，用人单位的工作人员在执行工作任务时，因违规驾驶造成交通事故，致使他人受伤或机动车损坏，因员工系在履行职务的过程中造成交通事故，应由用人单位承担事故赔偿责任。若肇事机动车投保了机动车第三者责任强制保险和商业三者险，保险人应当在保险范围内先行赔偿，不足部分则由用人单位对受害人的损失（超出保险限额部分）承担赔偿责任。

举例来说，王佳是一名快递公司的员工，他驾驶单位的小轿车在送快递的路上，由于未尽到谨慎驾驶的义务与驾驶电动车的范遥发生碰撞，事故造成范遥受伤。经交管部门认定，王佳负事故全部责任，范遥无责任。该案例中，因王佳在履行职务期间发生交通事故，依据上述规定，范遥所受损失应由快递公司赔偿。若王佳驾驶的车辆投保了机动车第三者责任强制保险和商业三者险，则可由保险公司在保险范围内予以赔偿，不足部分由快递公司承担赔偿责任。

普法提示

近年来，越来越多的人选择电动自行车作为出行上班的代步工具。然而，电动自行车因速度快，又没有特殊的安全保护措施，因此一旦发生交通事故往往比较严重。这就要求骑电动自行车一方在行驶中应尽到更高的注意义务，遵守交通法规，学习新的管理规定，做一个知法、懂法、守法的好公民。此外，在发生交通事故后，要尽可能地保存相关证据。交通事故发生后，可先打电话报警，等待交警定责。若在事故中受伤，应及时就医，同时保存好医疗费、交通费等票据。若发生物品损失，可当场通过拍照、视频等方式留存证据或在交警到来之后向交警提出，并可记录在道路交通事故责任认定书上。若对道路交通事故责任有异议，可向作出该认定书的交管部门的上一级机关申请复议。

在交通事故案件中，被侵权人在遭受财产损失的同时，也会受到人身损害，其个人或者家属往往会要求侵权人赔偿其精神损害抚慰金。关于精神损害抚慰金的赔偿问题，依据《民法典》第一千一百八十三条规定，侵害自然人人身权益造成严重精神损害的，被侵权人有权请求精神损害赔偿。因故意或者重大过失侵害自然人具有人身意义的特定物造成严重精神损害的，被侵权人有权请求精神损害赔偿。《最高人民法院关于确定民事侵权精神损害赔偿责任若干问题的解释》第一条规定："自然人因下列人格权利遭受非法侵害，向人民法院起诉请求赔偿精神损害的，人民法院应当依法予以受理：（一）生命权、健康权、身体权；（二）姓名权、肖像权、名誉权、荣誉权；（三）人格尊严权、人身自由权。违反社会公共利益、社会公德侵害他人隐私或者其他人格利益，受害人以侵权为由向人民法院起诉请求赔偿精神损害的，人民法院应当依法予以受理。"该司法解释第八条规定："因侵权致人精神损害，但未造成严重后果，受害人请求赔偿精神损害的，一般不予支持，人民法院可以根据情形判令侵权人停止侵害、恢复名誉、消除影响、赔礼道歉。因侵权致人精神损害，造成严重后果的，人民法院除判令侵权人承担停止侵害、恢复名誉、消除影响、赔礼道歉等民事责任外，可以根据受害人一方的请求判令其赔偿相应的精神损害抚慰金。”该司法解释第十条规定：“精神损害的赔偿数额根据以下因素确定：（一）侵权人的过错程度，法律另有规定的除外；（二）侵害的手段、场合、行为方式等具体情节；（三）侵权行为所造成的后果；（四）侵权人的获利情况；（五）侵权人承担责任的经济能力；（六）受诉法院所在地平均生活水平。法律、行政法规对残疾赔偿金、死亡赔偿金等有明确规定的，适用法律、行政法规的规定。”该司法解释第十一条规定：“受害人对损害事实和损害后果的发生有过错的，可以根据其过错程度减轻或者免除侵权人的精神损害赔偿责任。”

上述法律规定及司法解释对精神损害抚慰金的适用及影响精神损害的赔偿数额因素作出了规定。需要说明的是，在机动车交通事故责任纠纷案件中，侵权人的侵权行为致被侵权人精神损害，符合《最高人民法院关于确定民事侵权精神损害赔偿责任若干问题的解释》第八条规定的，可以判令侵权人承担赔礼道歉的民事责任，且可以与赔偿精神损害的责任方式并用。赔礼道歉的形式（书面还是口头）、范围（公开还是不公开），可根据被侵权人的请求、侵权人的过错大小、损害后果的严重程度并结合案件的具体情况，由法院决定。

精神损害抚慰金具有补偿功能和抚慰功能，尽管金钱不能真正补偿身体残疾带来的伤痛、失去亲人的伤痛，但是通过金钱的赔偿，被侵权人的家属可尽快从损害事故的阴影中走出来，重新开始正常的生活和工作。精神损害抚慰金的抚慰功能与侵权责任法的预防功能紧密相连，通过让侵权人赔偿的方式，使其今后能够通过谨慎合理的方式从事相关行为，避免造成他人的损害。

在发生重大交通事故中可能会涉及死亡赔偿金的赔偿问题。《最高人民法院关于审理人身损害赔偿案件适用法律若干问题的解释》第十五条规定：“死亡赔偿金按照受诉法院所在地上一年度城镇居民人均可支配收入或者农村居民人均纯收入标准，按二十年计算。但六十周岁以上的，年龄每增加一岁减少一年；七十五周岁以上的，按五年计算。”司法解释规定了死亡赔偿金的计算方式，具体为，60周岁以下人员，死亡赔偿金的计算方法为：法院所在地上一年度城镇居民人均可支配收入或者农村居民人均纯收入标准 ×20年；60周岁以上75周岁以下人员，死亡赔偿金的计算方法为：法院所在地上一年度城镇居民人均可支配收入或者农村居民人均纯收入标准 ×（20年－增加岁数）；75周岁以上人员，死亡赔偿金的计算方法为：法院所在地上一年度城镇居民人均可支配收入或者农村居民人均纯收入标准 ×5年。具体是否统一按照城镇标准应根据各省市关于开展人身损害赔偿纠纷案件统一城乡居民赔偿标准进行认定。

关于责任的承担方式、责任主体及各项损失数额可依据《最高人民法院关于审理人身损害赔偿案件适用法律若干问题的解释》及《民法典》等相关法律规定。

案例三

如何确定机动车交通事故中重残受害人护理人数？

毕凤敏[①]

案情回顾

2017年7月22日上午，家住房山区的张某正在村里的路边散步，当其由东向西步行横过道路时，王某驾驶货车由北向南驶来，双方避让不及发生交通事故，造成张某受伤，货车损坏。此事故经交通事故管理部门认定，王某负全部责任，张某无责任。事故发生时，王某驾驶的货车的登记车主为郝某，货车在保险公司投保了交强险，此事故发生在保险期间内。

事故发生后，张某被送往医院住院治疗。出院后，经某司法鉴定中心鉴定，张某的伤残等级为一级，其误工期、营养期均评定至伤残评定前一日，张某日常需要完全护理依赖并需进行长期护理。事故各方就赔偿问题未能协商一致，故张某及其法定代理人起诉至法院，要求王某、郝某、保险公司赔偿张某医疗费、误工费、护理费、住院伙食补助费、营养费、伤残赔偿金、残疾辅助器具费、精神损害抚慰金等各项损失共计135万余元。

王某表示，认可交通事故责任认定，作为涉案车辆的实际车主和驾驶人同意赔偿张某各项合理损失。但涉案车辆只投保了交强险，且自身赔偿能力低，无力负担高额赔偿。郝某表示，自己仅是登记车主，并非涉案车辆的实际使用人，也非本次事故中的车辆驾驶人，本次事故与其无关，不同意赔偿。保险公司辩称，涉案车辆投保了交强险，同意在交强险项下承担赔偿责任。

一审法院经审理认为，关于责任划分，本次事故由王某负全部责任，张某无责任，故应由王某对张某的合理损失予以赔偿。因此次事故发生时，王某驾驶的事故车辆在保险公司投保了交强险，事故发生在保险期间内，故保

---

① 北京市第二中级人民法院法官助理。

险公司应在交强险保险责任限额内承担赔偿责任。关于张某超出交强险责任限额的合理损失，王某作为侵权行为人，应按照自己的过错承担相应的民事赔偿责任。关于张某主张实际车主郝某承担赔偿责任一节，因郝某对本次交通事故不存在过错，故无法支持张某要求郝某承担赔偿责任的请求。经核查，一审法院对张某的医疗费、误工费、护理费等各项损失予以认定，其中张某出院后两年内的护理费按照 1 人标准计算。一审判决作出后，张某及其法定代理人上诉至二审法院，主要意见为一审法院认定的护理费数额过低。

二审期间，张某一方主张张某因本次交通事故造成一级伤残，目前为植物人状态，需要 24 小时护理，至少需要两位护理人员，而一审认定的护理费明显不足以满足张某的护理需求，故向二审法院申请对张某的护理所需人数进行补充鉴定。经二审法院函询鉴定中心，鉴定中心回函称："我中心于 2018 年 3 月 8 日出具《鉴定意见书》，经鉴定被鉴定人张某处于持续性植物生存状态，日常生活自理能力完全丧失，需完全护理依赖。根据被鉴定人张某的情况，护理人数可考虑为 2 人。"对此，张某一方表示认可上述回函，不再坚持鉴定申请，并称目前张某由保姆及其丈夫护理，其中保姆每月工资为 4500 元。王某表示上述回函由法院依法审查。

二审法院认为，本案主要争议焦点为护理人数的认定。根据《最高人民法院关于审理人身损害赔偿案件适用法律若干问题的解释》第二十一条规定，护理费根据护理人员的收入状况和护理人数、护理期限确定。护理人员原则上为一人，但医疗机构或者鉴定机构有明确意见的，可以参照确定护理人员人数。受害人定残后的护理，应当根据其护理依赖程度并结合配制残疾辅助器具的情况确定护理级别。本案中，根据鉴定中心鉴定意见书，张某现处于持续植物生存状态，需要完全护理依赖，且根据鉴定机构对法院函询所复的专业意见，张某的护理人数可考虑为 2 人。

二审法院认为，综合考虑张某现为植物人状态，无任何自主活动能力及生活自理能力，进食、呼吸、排泄等基本生命活动均需要专业器械辅助，为维持生存状态确实需要 24 小时全天候的细致护理，同时，结合一般护理人员的作息时间、张某的护理依赖程度、伤残等级及配制残疾辅助器具的情况，认定由2人护理较为适宜，且参照当地护工从事同等级别护理的劳务报酬标准及护理人员的实际情况，按照每日100元计算，故张某出院后两年内的护理费为146000元。综上，二审法院对张某的护理费予以改判。二审法院的改判不仅有事实及法律依据，也体现了对受害人张某及其家属的人文关怀，使其在承受巨大精神痛苦的同时，能够保障张某的基本生存状态，也适当减轻张某家属的护理负担。

法理分析

在机动车交通事故责任纠纷案件中，主要涉及责任划分及损失认定。关于损失认定，在造成受害人重伤、重残乃至植物人状态的案件中，因受害人普遍需要长期的专业护理，故交通事故当事人之间往往会因为护理费的认定产生争议。其中，主要争议焦点集中在护理费的给付标准、给付期间、护理人数等。

目前，关于护理费较为科学完善的规定体现在《最高人民法院关于审理人身损害赔偿案件适用法律若干问题的解释》第二十一条。其中，第一款确定护理费根据护理人员的收入状况和护理人数、护理期限确定。

关于护理费的给付标准，该条第二款规定护理人员有收入的，参照误工费的规定计算；护理人员没有收入或者雇佣护工的，参照当地护工从事同等级别护理的劳务报酬标准计算。例如，在家属护理时，按照家属因护理造成的误工费计算护理费，如家属没有收入或者雇佣护工的，参照一般标准计算。需要注意的是，确定一般标准是应限于当地护工市场且考虑同等级别的护理程度，要知道不同地区之间、不同护理等级之间在护理费的数额上可能存在明显差异。

关于护理人数原则上为1人，但医疗机构或者鉴定机构有明确意见的，可以参照确定护理人员人数。需要注意的是，护理人员的确定在很大程度上需要专业的医学判断，故司法解释在确定1人护理原则的基础上，也允许法院参照医疗机构或鉴定机构的明确意见确定护理人数。本案中，根据鉴定机构出具的回函，被鉴定人张某处于持续性植物生存状态，日常生活自理能力完全丧失，需完全护理依赖。根据被鉴定人张某的情况，护理人数可考虑为2人。因此，二审法院参照鉴定机构的意见并综合考虑张某的实际生活状态确定护理人数为2人是比较适当的。

关于护理期限，在受害人重残、重伤或者植物人状态的案件中，一般均需要长期护理，存在当事人要求一次性给付护理费或一次性给付10年、5年等不同护理期限内护理费的情况。该条第三款规定护理费应计算至受害人恢复生活自理能力时止。受害人因残疾不能恢复生活自理能力的，可以根据其年龄、健康状况等因素确定合理的护理期限，但最长不超过20年。一般而言，实践中不会一次性给付护理费。在确定护理费的给付期间时，既要考虑受害人的生活需要也要考虑侵权人的负担能力。随着社会经济的发展，物价水平的提高，可能一次性给付受害人护理费反而不利于保障受害人的合法权益。一次性给付护理费，数额不在少数，对于自身支付能力不足的侵权人而言也无法获得实际执行。因此，实践中对于需要长期护理的受害人一般分期给付护理费，在护理费不足时，受害人可另行提起诉讼，继续要求侵权人支付护理费。

此外，该条第四款规定，受害人定残后的护理，应当根据其护理依赖程度并结合配制残疾辅助器具的情况确定护理级别，但对于护理级别的等级及认定并没有进一步规定。

知识拓展

（一）人身损害赔偿范围

根据《民法典》第一千一百七十九条规定，侵害他人造成人身损害的，应当赔偿医疗费、护理费、交通费、营养费、住院伙食补助费等为治疗和康复支出的合理费用，以及因误工减少的收入。造成残疾的，还应当赔偿辅助器具费和残疾赔偿金；造成死亡的，还应当赔偿丧葬费和死亡赔偿金。《民法典》

第一千一百八十三条规定，侵害自然人人身权益造成严重精神损害的，被侵权人有权请求精神损害赔偿。因故意或者重大过失侵害自然人具有人身意义的特定物造成严重精神损害的，被侵权人有权请求精神损害赔偿。目前，我国关于护理费在内的各项赔偿的具体认定体现在《最高人民法院关于审理人身损害赔偿案件适用法律若干问题的解释》以及《最高人民法院关于确定民事侵权精神损害赔偿责任若干问题的解释》当中。

对于具体损失的范围，《最高人民法院关于审理人身损害赔偿案件适用法律若干问题的解释》第十七条规定，受害人遭受人身损害，因就医治疗支出的各项费用以及因误工减少的收入，包括医疗费、误工费、护理费、交通费、住宿费、住院伙食补助费、必要的营养费，赔偿义务人应当予以赔偿。受害人因伤致残的，其因增加生活上需要所支出的必要费用以及因丧失劳动能力导致的收入损失，包括残疾赔偿金、残疾辅助器具费、被扶养人生活费，以及因康复护理、继续治疗实际发生的必要的康复费、护理费、后续治疗费，赔偿义务人也应当予以赔偿。受害人死亡的，赔偿义务人除应当根据抢救治疗情况赔偿本条第一款规定的相关费用外，还应当赔偿丧葬费、被扶养人生活费、死亡补偿费以及受害人亲属办理丧葬事宜支出的交通费、住宿费和误工损失等其他合理费用。《最高人民法院关于审理人身损害赔偿案件适用法律若干问题的解释》第十八规定，受害人或者死者近亲属遭受精神损害，赔偿权利人向人民法院请求赔偿精神损害抚慰金的，适用《最高人民法院关于确定民事侵权精神损害赔偿责任若干问题的解释》予以确定。精神损害抚慰金的请求权，不得让与或者继承。但赔偿义务人已经以书面方式承诺给予金钱赔偿，或者赔偿权利人已经向人民法院起诉的除外。

上述司法解释对人身损害案件中所涉及的各项损失予以明确规定，司法实践中，人民法院一般根据案件事实及当事人的具体诉讼请求及举证质证情况对相应的合理损失予以审查认定。

（二）护理依赖程度及护理级别

护理依赖是指身体伤残或精神障碍者在治理结束后，仍需他人帮助、护理才能维系正常日常生活。一般身心健康的成年人，具备完全生活活动能力及生活自理能力，而身体伤残或精神障碍者则需要护理人员的帮助才能维持正常日常生活。根据身体伤残或精神障碍者对他人护理所付出工作量的大小，可以分为完全护理依赖、大部分护理依赖以及部分护理依赖。

本案中，受害人张某为植物人生存状态，需要食管、胃管、导尿管、制氧机等多种器械维持生命状态，没有任何自主活动的能力，日常生活自理能力完全丧失，需要护理人员24小时全天候的护理，护理人员在此过程中承担着维持张某生命状态的各项工作，因此鉴定机构认定张某为完全护理依赖，考虑到护理人员的工作强度及作息时间，鉴定机构认为张某需要2人护理，符合专业的医学判决，符合一般社会认知。二审法院综合考虑张某的实际生活状态及鉴定机构的专业意见，改判张某护理人员为2人，有事实及法律依据，且体现了对张某及其亲属的人文关怀。

此外，分级护理是医学上根据对病人病情的轻、重、缓、急及病人自理能力的评估，给予不同级别的护理，可分为特级护理、一级护理、二级护理、三级护理。不同的护理级别适用于不同病情的病人，也对护理人员提出不同程度的护理要求，因此护理级别也影响着护理人数的确定以及护理费用的收取标准。根据《最高人民法院关于审理人身损害赔偿案件适用法律若干问题的解释》第二十一条第四款规定，受害人定残后的护理，应当根据其护理依赖程度并结合配制残疾辅助器具的情况确定护理级别，但对于具体如何认定护理级别法律及司法解释没有给予进一步的规定，考虑到护理级别认定更多涉及专业的医学判断，故司法实践中针对此问题向医疗机构或鉴定机构了解相应情况不失为一种科学合理的做法，以专业的医学判断作为人民法院作出适当判断的重要参考。

普法提示

机动车驾驶能力已成为社会公众一项寻常而又重要的能力，该项能力使普通社会公众在日常生活与工作中的出行与运输需要变得更易实现与满足。

但必须提示的是，与之俱来的是不断增加的交通风险。因此，我们在享受交通便利的同时也应充分重视交通风险，树立正确的观念，采取有效的措施，从而更好地维护自身及他人的生命及财产安全。

（一）提高交通安全意识，时刻注意交通安全

机动车驾驶属于存在一定危险性的活动，因此要求机动车驾驶人必须取得驾驶资格，且在驾驶过程中必须保持高度注意义务。正如我们耳熟能详的宣传标语："道路千万条，安全第一条。行车不规范，亲人两行泪。"机动车驾驶人应树立交通安全意识，杜绝酒驾、醉驾、疲劳驾驶等危险驾驶行为。同时，非机动车驾驶人、行人在参与道路交通时，尤其处在十字路口、繁华路段、城市环线主路与辅路交会处、高速公路、道路状况较差、雨雪恶劣天气等容易发生交通事故的路段及路况，更应提高安全意识，时刻注意自身安全。一般而言，在交通事故案件中非机动车驾驶人、行人与机动车驾驶人相比处于更加危险的境地，因此非机动车驾驶人、行人应尽可能避免交通事故的发生，保障自身生命健康安全及财产安全。

（二）有效分散交通风险，量力投保商业三者险

正如上文所述，机动车在便利生产生活的同时，也带来了一定程度的交通安全风险。为了有效分散交通风险，我国实行机动车交通事故责任强制保险制度，即机动车必须投保交强险。但在严重的交通事故中，交强险的赔偿数额则显得捉襟见肘。因此，机动车的投保义务人（包括机动车所有人及实际使用人）应根据自身经济条件及机动车使用性质为机动车投保理赔数额较高的商业三者险。即通过每年交纳数额不大的保费，以便在交通事故发生后避免自行承担高额的赔偿的风险，从而增强个人应对交通风险的能力。所谓防患于未然，莫过于此。

（三）要求鉴定机构说明护理依赖程度、护理等级及护理人数

目前，道路交通事故仍是威胁人们生命健康安全及财产安全的常见意外

事故。一旦发生严重交通事故，可能造成受害人重伤、重残甚至植物人状态。受害人不但要承受巨大的生理及心理伤害，还可能面对高额的治疗费用以及治疗结束后的护理费用。对此，如交通事故各方当事人未能就赔偿问题协商一致，则受害人可以在诉讼中提出书面申请对伤残等级、误工期、护理期、营养期等进行鉴定。同时，考虑到护理费数额的认定与护理人员的收入状况和护理人数、护理期限密切相关，受害人可以进一步要求鉴定机构对受害人护理依赖程度、护理等级及护理人数给出明确意见，为人民法院提供更加专业且具体的鉴定意见予以参考。同时，应尽量保留护理人员收入状况的相关证据，既包括聘请专业护工的合同及协议、支出护理费用的发票及收据等，也包括家属因护理导致的误工时间以及减少的收入等相应单位证明，从而为人民法院确定护理费提供更加翔实且充分的证据。

案例四

如何认定和计算特殊行业人群误工费?

李政①

案情回顾

一天，李东东驾驶出租车与刘西西驾驶的大货车发生交通事故，造成李东东受伤，两车受损。经交管部门认定，确定刘西西负全部责任。经司法鉴定中心鉴定，李东东的误工期为120日，护理期为60日，营养期为60日。经庭审质证及法院审核，李东东的合理损失为医疗费8071.99元、营养费1800元、护理费6000元、误工费（含承包金损失）21012元、交通费400元、鉴定费2100元。另查，刘西西驾驶的事故车辆在华山财险公司投保有交强险。

事故发生后，各方因未就赔偿问题协商一致，李东东向法院起诉请求刘西西、华山财险公司赔偿医疗费8071.99元、营养费3000元（事发后的60天期间）、护理费9000元（事发后的60天期间）、误工费16769元（事发后的120天期间）、承包金损失5612元（事发后的120天期间）、交通费1000元（事发日至鉴定出具日期间）、鉴定费2100元，合计45553元。

一审法院经审理认为，根据交管部门认定，刘西西负全部责任，其驾驶车辆在华山财险公司投保有交强险，故华山财险公司应在交强险分项责任限额内先行赔偿。李东东主张的承包金损失数额合理，误工费按照每月3850元的标准考虑120天，数额为15400元，承包金损失计入误工费项下，上述两项损失因均在交强险限额范围内，为此应由华山财险公司予以赔偿。一审法院判决华山财险公司赔偿李东东医疗费、误工费等各项损失合计37283.99元；刘西西赔偿李东东鉴定费2100元；驳回李东东的其他诉讼请求。

华山财险公司不服一审判决，提起上诉，认为一审法院已经判令其司承

---

① 北京市第二中级人民法院法官助理。

担李东东的误工费，再判令承包金损失，属于重复赔偿，且承包金损失属于间接损失，不属于交强险的赔偿范围，即便存在承包金损失也应由侵权人刘西西承担。李东东辩称其因交通事故受伤，不能正常驾驶出租车从事运营工作，但承包金仍需按月向出租车公司交纳，由此导致的承包金损失属于直接损失。一审判决对误工费按每月3850元计算，是其每月除去交纳承包金的纯收入，不存在重复计算误工损失的情况。

二审法院经审理认为，本案中事故造成李东东受伤，经司法鉴定，李东东因本次事故造成的误工期为120日。根据李东东一审中提交的相关证据，李东东确因本次事故身体受伤而不能正常驾驶出租车运营，由此产生误工损失。而李东东系出租车运营司机，从目前我国的出租车经营情况来看，造成承包金损失的直接原因为出租车司机人身受到损害而造成劳动收入的丧失或减少，故一审法院将李东东已交纳的承包金计入误工费，并判令华山财险公司在交强险责任限额范围内承担是正确的，承包金具体金额亦是适当的，故维持一审法院判决。

上述案例涉及出租车司机误工费的计算问题。出租车运营属于特殊行业，其收入构成与其他行业有较大区别，那么，出租车司机因交通事故受到人身损害后，其误工费有哪些部分？如何计算和赔偿主体呢？

法理分析

（一）法律依据

从本质而言，误工费属于受害人如未遭受人身损害而本应获得却因侵权人的侵权行为而无法得到的利益。本案中，李东东在事故中受伤而无法出车赚钱，故其因此减少的收入损失应属误工费范畴。《最高人民法院关于审理人身损害赔偿案件适用法律若干问题的解释》第七条规定，误工费根据受害人的误工时间和收入状况确定。误工时间根据受害人接受治疗的医疗机构出具的证明确定。受害人因伤致残持续误工的，误工时间可以计算至定残日前一天。受害人有固定收入的，误工费按照实际减少的收入计算。受害人无固定收入的，按照其最近三年的平均收入计算；受害人不能举证证明其最近三年的平均收入状况的，可以参照受诉法院所在地相同或者相近行业上一年度职工的平均工资计算。

《民法典》第一千一百七十九条亦规定，侵害他人造成人身损害的，应当赔偿医疗费、护理费、交通费、营养费、住院伙食补助费等为治疗和康复支出的合理费用，以及因误工减少的收入。造成残疾的，还应当赔偿辅助器具费和残疾赔偿金；造成死亡的，还应当赔偿丧葬费和死亡赔偿金。

对于误工费的承担主体，《机动车交通事故责任强制保险条例》第二十一条规定，被保险机动车发生交通事故造成受害人人身伤亡、财产损失的，由保险公司在交强险责任限额范围内予以赔偿。据此，误工费应属于交强险的赔偿范畴，由保险公司在交强险限额内先行赔付。

（二）理论辨析

从目前我国的出租车经营情况来看，出租车属于特许经营行业，即只有具备相应经营权的出租车公司才有权进行出租车营运。因此出租车司机必须与出租车公司签订承包运营协议及劳动合同后，才能驾驶出租车从事营运工作。

在此种情况下，出租车司机需按月向出租车公司交纳一定的承包金，即便司机因伤不能从事出租车营运工作，在履行合同期间仍需向出租车公司交纳承包金，此时承包金成为出租车司机的实际损失，而产生此种损失的直接原因为出租车司机人身受到损害而造成劳动收入的丧失或减少。

本案中，在李东东人身受到损害导致无法从事出租车营运活动时，将其已经交纳的承包金计入误工费，由华山财险公司在交强险责任限额范围内予以赔偿，符合误工费的法律规定及法律本义，亦与出租车司机职业的实际情况相符。

知识拓展

（一）出租车司机误工费的构成

出租车司机的主要收入来源于其载客收入，依据出租车行业惯例，出租车司机每月要交给出租车公司管理费、税费等费用，也就是我们通常所说的车辆承包金或“份子钱”。有的出租车公司也会返给司机一部分油补和岗位补贴。据此我们可以得出：出租车司机的实际收入 = 载客收入 - 车辆承包金 + 岗位补贴（如存在）。

首先，出租车司机的误工费应包括其实际收入损失，即上述分析的实际收入，出租车公司开具的《收入证明》记载的收入状况一般即指此项收入，如果出租车公司没有开具相关《收入证明》，人民法院也可以按照该司机近三年的平均收入或受诉法院所在地相同或者相近行业上一年度职工的平均工资酌定之。

其次，出租车司机交纳的车辆承包金来源于其驾驶出租车运营而产生的收益，系其日常工作收益的一部分，在司机正常出车的情况下，该项收益具有可预见性，系预期财产利益；而在人身受到伤害或车辆受损不能出车时，亦必然会导致该项利益受到损失。因此，出租车司机的误工费亦应包含承包金损失。

最后，根据出租车行业惯例，岗位补贴每月会向司机固定发放，其数目及发放与否和司机的出车情况无关，故在计算误工费时应扣除相应的岗位补贴和岗位工资。

（二）不同情形下“车辆承包金”的定性与赔偿

无论是因车辆受损还是人身受到损害导致的出租车司机车辆承包金损失均属于侵权人的赔偿范围，但是否属于交强险理赔范围，应区别对待。

1. 车辆承包金应认定为误工费的情形

因出租车司机人身受到损害而造成的车辆承包金损失，产生的直接原因是出租车司机人身受到伤害而造成的劳动收入的丧失或减少，故应为误工费的范畴，并且属于交强险死亡伤残限额下的赔偿项目，保险公司应当予以赔偿。

2. 车辆承包金应认定为停运损失的情形

交通事故造成的间接损失，是指区别于交通事故造成的直接人身损害、车辆损坏之外的其他损失，比如停车费损失、营运损失等，显然，对于因车辆损坏停运而造成的出租车司机的车辆承包金损失应属于间接的财产损失。根据《机动车交通事故责任强制保险条款》第十条第三项规定，该损失不属于交强险的赔偿范围，应由侵权人进行赔偿。

至于停运损失是否属于商业三者险的赔偿范围，要看商业三者险条款的具体规定，一般来讲，保险公司会在商业三者险条款中约定对于停运损失等间接损失的免责条款。但对于该项免责条款，保险公司需在保险单上提示投保人注意并对有关免责条款的概念、内容及其法律后果等，以书面或者口头形式向投保人或其代理人作出解释，以使投保人明了该条款的真实含义和法律后果。

3. 特别情形

在出租车司机人身和车辆均受到损害的情形下，车辆承包金损失应区分造成车辆停运的具体原因予以赔偿，即应结合各种证据判断车辆停运系人身受损还是车辆受损所致，从而适用不同的赔偿原则。

具体来看，若出租车司机人身受到损害的治疗和休息时间基本与车辆修复时间重合或超出车辆修理时间，则只吸收合并为误工费，由交强险在死亡伤残赔偿限额项下赔偿；若出租车司机治疗休息时间短于车辆修理时间，则需将车辆承包金损失区分为两部分来确定。出租车司机治疗及休息期间的车辆承包金损失作为误工费由交强险在死亡伤残项目下赔偿，超出该期间产生的车辆承包金损失作为停运损失，由侵权人个人负担；若出租车司机伤情轻微不影响驾驶但车辆受损较为严重，此时可以认定车辆停运并非人身受损而系车辆受损所致，故车辆承包金应作为间接损失由侵权人负担，交强险不负责赔偿。

另外，对于双班运营的出租车，当其中一方出车过程中因事故导致车辆损坏的，其对班司机亦无法正常运营该机动车，产生相应误工损失。该误工损失即包括其承包金损失和营业损失，二者均属于间接损失，应由侵权人直接承担赔偿责任，保险公司在交强险范围内免予赔偿。

普法提示

对于出租车运营这一特殊行业，司机实际到手的工资收入实质为其车辆营运收入扣除承包金支出，该支出亦来源于司机劳动收入，应视为其误工损失的一部分，应当予以赔偿。即出租车司机因交通事故造成人身损害时，其误工费 = 营运收入 + 车辆承包金损失 - 岗位补贴。为使广大出租车司机在发生交通事故后合理主张自身权利，司机朋友应保留好与出租车公司签订的《劳动合同书》与《承包运营合同书》，并在发生事故后及时找出租车公司开具的《承包金及收入证明》及交纳承包金的收据，以完成自己的举证责任；对于双班运营的出租车，对班司机因出租车辆受损产生停运损失的，也可以在本诉中一并主张，以免另行起诉所生诉累。

案例五

是否应当支持应定退休老年人的误工费？

杨超[①]

案情回顾

一天，刘某驾驶车辆由北向南行驶，撞伤了正在横穿马路的王某，后因双方未能协商一致诉至法院，一审法院经审理认定，事发时，王某62周岁。事发后，王某入院治疗，共住院30日。出院医嘱为：注意休息，增强营养，1个月后复查，其间需1人陪护。该起交通事故经公安交通管理部门认定，刘某负次要责任，王某负主要责任。该车辆在保险公司投保有机动车交通事故责任强制保险（以下简称交强险）和商业第三者责任保险（以下简称商业三者险），事故发生在保险期内。

一审庭审中，经王某申请，法院委托司法鉴定所对王某的伤残等级、误工期、护理期、营养期进行鉴定。该所作出鉴定结论为：1. 被鉴定人王某符合十级伤残。2. 建议被鉴定人王某误工期为180日、护理期为60日、营养期为60日。

为证明误工费损失，王某向法院提交如下证据：1.《劳动合同》；2. 员工居住证明；3. 其工作公司营业执照；4. 其公司法定代表人的证人证言并申请该证人出庭作证；5. 银行流水。通过上述证据，王某欲证明其自2014年在公司工作，月工资为7000元，因交通事故离职，误工费标准应按7000元/月计算。保险公司对上述证据的真实性认可，但对关联性不认可，认可王某的职位及工作情况，但因王某已过法定退休年龄，故不同意赔偿误工费。经审查，一审法院对王某在其公司工作的情况予以确认，但上述证据，无法证明其月工资为7000元的标准，故法院对该证明效力不予认定。

---

① 北京市第二中级人民法院民事审判第六庭法官助理。

一审法院经审理认为，机动车与非机动车之间发生交通事故造成人身伤亡、财产损失的，由保险公司在机动车交强险责任限额范围内予以赔偿。同时投保交强险和商业三者险，当事人同时起诉侵权人和保险公司的，由承保商业三者险的保险公司根据保险合同予以赔偿；仍有不足的，由机动车一方承担赔偿责任。本案中，王某与刘某发生交通事故造成王某受伤，该起事故经公安交通管理部门认定，王某负主要责任，刘某负次要责任。法院根据双方过错判定刘某承担30%的责任，王某承担70%的责任。因刘某系其公司的驾驶员，发生事故时，其履行的系其公司的职务行为，故对王某的损失，应由保险公司先行在机动车交强险责任限额范围内予以赔偿，超出的部分，由保险公司在商业三者险限额内按照责任比例（30%）进行赔偿，仍有不足的，由刘某公司按照责任比例（30%）承担赔偿责任。关于误工费，王某因伤需要休息，依据鉴定结论，王某误工期为180日，鉴于王某提交的证据无法证明其实际误工损失，故具体数额由法院酌定。

一审法院判决后，保险公司认为根据国家退休相应标准，王某已达到法定退休年龄，其公司不认可王某存在误工费的损失，故提起本案上诉。二审庭审过程中，各方均未提交新证据。二审法院经审理，对一审判决予以维持。

法理分析

（一）误工费的定义

误工费是指侵权人应当向被侵权人支付的被侵权人从遭受伤害到完全治愈这一期间（误工时间）内，因无法从事正常工作而实际减少的收入。

（二）误工费的法律依据

《民法典》第一千一百七十九条规定，侵害他人造成人身损害的，应当赔偿医疗费、护理费、交通费、营养费、住院伙食补助费等为治疗和康复支出的合理费用，以及因误工减少的收入。造成残疾的，还应当赔偿辅助器具费和残疾赔偿金；造成死亡的，还应当赔偿丧葬费和死亡赔偿金。

《最高人民法院关于审理人身损害赔偿案件适用法律若干问题的解释》第七条规定，误工费根据受害人的误工时间和收入状况确定。误工时间根据受害人接受治疗的医疗机构出具的证明确定。受害人因伤致残持续误工的，误工时间可以计算至定残日前一天。受害人有固定收入的，误工费按照实际减少的收入计算。受害人无固定收入的，按照其最近三年的平均收入计算；受害人不能举证证明其最近三年的平均收入状况的，可以参照受诉法院所在地相同或者相近行业上一年度职工的平均工资计算。

（三）误工费的性质

误工费属于逸失利益损失，被侵权人获得赔偿的直接原因系其受伤导致其劳动能力受损甚至丧失，在其诊疗和劳动能力恢复过程中因无法正常劳动而导致其应得收入所受到的损失。首先，被侵权人应具备劳动能力。如果被侵权人在被侵权时并无劳动能力或本身因病、残疾或已因年龄过高而丧失了劳动能力，原则上不应主张误工费。其次，误工费的认定并不以被侵权人在遭受人身损害前必须具有正式工作和固定收入为前提。《最高人民法院关于审理人身损害赔偿案件适用法律若干问题的解释》对误工费的认定实行差额赔偿和定型化赔偿相结合的原则。在诸多情形下，被侵权人无固定收入且无法证明最近三年的平均收入状况，尤其对失业者、家庭妇女等人，即使在被侵权时并无“工作”，但其误工费是否应予以赔偿还应结合案情等各种因素综合认定。再次，误工费是劳动收入的损失。非劳动收入，如财产性收入等不应计算在误工费范畴内。最后，违法收入不计入误工费。如果被侵权人的收入属于赌博、走私等违法收入，其误工费赔偿请求不应支持。需特别注意的是，因为实践中存在被侵权人受到损害后，其工作单位并未扣发或全部扣发其收入。对该部分被侵权人，在此种情形下，不存在误工损失或者全部的误工损失。如果同时赔偿其“误工费”，会使被侵权人因此获得法外利益，因此，被侵权人有固定收入的，赔偿数额应按照其实际减少的收入计算。

（四）误工期的确定

误工期的确定直接关系误工费数额，计算时间过长，对侵权人不公平；计算时间过短，又无法确保被侵权人的合法利益。且误工期的时间确定与受损部位、就诊方案、治疗效果、个人体质、年龄等都有一定程度上的关联，即使是同类型损伤，不同被侵权人产生的误工时间也有可能不同。在实践中，误工期的认定一般会区分如下情形进行分别认定：

1. 有司法鉴定结论的情形。在具体案件中，如果经被侵权人申请，法院委托鉴定机构出具了司法鉴定意见书，有关于误工期鉴定结论的，法官可参考鉴定结论，参照《人身损害误工期、护理期、营养期评定规范 GA/T1193-2014》所列举的各种损伤需要的误工期，合理确定被侵权人的误工时间。当然，鉴定结论只是作为法院作出相应认定的参考，而非唯一依据。

2. 没有司法鉴定结论的情形。如果被侵权人在案件审理过程中未对误工期申请鉴定或未进行司法鉴定的，实践中一般参考医疗机构出具的诊断证明，被侵权人的伤情、治疗恢复情况，结合病例证明，参照《人身损害误工期、护理期、营养期评定规范 GA/T1193-2014》列举的各种损伤需要的误工期，酌情确定合理的误工期期限。被侵权人住院期间合理的住院期间计入误工期。如被侵权人主张出院后合理期限内连续误工的，应提供医疗机构出具的出院记录、病例、诊断证明、医嘱等证据予以佐证。如果医疗机构建议的误工期与被侵权人实际伤情明显不符的，可适当调整。

3. 复查时间能否计入误工期。被侵权人主张的复查时间，如果有与复查对应的挂号凭证、就诊记录等证据，且复查次数、频率及诊疗内容合理，且明显与案涉交通事故有关联，可以计入误工期。

4. 伤情严重甚至导致定残的情形。被侵权人伤情较重并事实上造成持续误工的，误工时间可计算至定残前一日。

5. 其他情形。对于既未进行鉴定，医疗机构亦未出具建议休息诊断证明的，根据被侵权人的实际伤情酌定误工时间（不宜过长）。

（五）误工费的计算标准

被侵权人有固定收入的，应提供单位出具的误工证明、工资账户明细、完税证明、社保缴纳记录，依据上述证据计算被侵权人的年总收入，再计算月平均收入。因各行各业有不同的经营范式，社会中有许多未规范经营的企业，存在单位与员工未签订劳动合同、用现金发放工资、未为员工缴纳社会保险等各种现象，前述情形往往导致部分被侵权人在被侵权后主张误工费时往往无法提供劳动合同、完税证明等对自己的误工费损失予以佐证。因此，对于存在特殊情况的被侵权人，法院在司法实践中进行证据审查、案件事实等认定时，不宜过分苛求所有被其侵权人提供各项记录等才认定被侵权人误工损失确系存在。如果被侵权人无法提供前述证据的，可结合被侵权人受损伤程度，参考用人单位出具的收入证明、误工证明、被侵权人的工作岗位，综合考虑行业标准等各种因素酌定被侵权人的月平均收入。在此基础上，确定被侵权人的误工费数额。

（六）误工费认定所考量的事实

在当前司法实践中，在认定被侵权人误工费时主要综合考量或审查以下几个方面的事实：第一，被侵权人具体工作，即被侵权人从事的职业、工作岗位；第二，有无劳动合同或劳务合同；第三，月收入状况，即主要审查事发前后一定时间内当事人的收入情况、工资收入等事实；第四，是否达到纳税起征点、是否缴纳所得税、是否有完税记录等证据；第五，单位有无为其缴纳社会保险及相应社保缴纳记录；第六，无固定收入的被侵权人能否提交最近三年的收入证明。

具体到本案中，王某因本案交通事故产生误工事实，并提供了其与公司签订的《劳动合同》、公司的营业执照、员工居住证明、银行流水等证据予以佐证，并申请其公司的法定代表人出庭予以作证。且保险公司对王某的职位及工作情况亦表示认可。因此，一审法院参考鉴定结论中的误工期，综合考虑行业特点、王某伤情等确定王某的具体误工费数额并无不当，二审法院予以维持。

知识拓展

通过以上分析，相信大家对误工费的法律依据及具体计算方式有了一定的了解。但实践中，因被侵权人可能从事不同的职业，而各行业由于经营模式等又存在很大不同，在薪金计算、发放方式等方面亦存在显著差别。尤其是当被侵权人为特殊人群时，对其具体的误工期和误工费的计算标准的认定，需要结合案件实际情况，进行综合考量，做到既保护被侵权人的合法权益，又不过分增加侵权人的赔偿责任，以期实现双方利益的衡平。

（一）退休老年人

实践中，退休后选择继续从事劳动并获得收入的老年人越来越多。若仅因被侵权人过了退休年龄就否认其误工费损失的存在，与侵权法损失填平的基本原则相悖，亦不符合公平原则。如果被侵权人已经退休，但退休后仍通过劳动获得收入，且因案涉交通事故不能从事劳动，其因此产生的误工损失应当得到赔偿。

（二）家务劳动者

夫妻一方从事家务劳动的，虽未直接在外工作进而取得劳动报酬，但其承担的家务对其他家庭成员的正常劳动收入具有重要的保障作用，其提供的家务劳动同样是对家庭的贡献，且侵权行为也使其减少或丧失了寻找工作获得收入的机会。因此，家务劳动者主张误工损失的，在综合考虑案件实际的情况下，可以支持。具体收入标准可根据案件情况及相关标准予以酌定。

（三）出租车司机

因为出租车行业特殊的运营模式，其误工费确认需特别关注。误工费系因出租车司机受伤无法从事营运导致的损失，停运损失系因车辆受损无法进行营运导致的损失。在出租车司机人身和车辆均受到损害的情形下，对于车辆承包金的赔偿应具体区分造成车辆停运的原因适用不同的赔偿原则。

（四）失业人员

虽然在事故发生时，失业人员并未工作，但其具有劳动能力，且受伤亦使其丧失了获得工作机会的可能。在此种情况下对被侵权人的赔偿符合利益丧失说的立场，也符合公平原则。因此，对其误工费诉讼请求应当予以支持。具体赔偿标准，可参考其在事故发生前的收入状况、受诉法院所在地相应工资标准等因素予以酌定。

（五）兼职人员

对被侵权人从事兼职工作的情形，因案涉交通事故导致其无法从事兼职产生的损失，根据误工费法律性质及立法本意，应当与被侵权人因伤不能从事本职工作的损失一并计入误工费的范畴。在综合考虑被侵权人从事兼职收入、其兼职收入减少与案涉交通事故的因果关系、兼职投入时间和精力等的基础上，合理确定赔偿数额。

虽然《最高人民法院关于审理人身损害赔偿案件适用法律若干问题的解释》规定了误工费的赔偿原则，但我国现行法法律并未对前述几种特殊人员有可能存在误工费情形如何进行具体认定作出详细的规定。因此，有当事人因无法举证或充分举证导致其误工费请求未得到或未完全得到充分支持。针对难以举证具体收入的被侵权人，如确实存在误工事实的，如何确定其误工费赔偿标准需要进一步明确。且随着社会经济的不断发展，劳动者参与劳动的形式越发丰富，尤其是在“互联网+”时代大背景下，用工形式越发灵活系大势所趋。此种背景下，误工费赔偿标准亟待完善。

普法提示

在诸多机动车交通事故责任纠纷案件中，都会有关于误工费的诉讼请求。尤其是在部分案件中，因为被侵权人无法提供或提供的证据无法直接证明其误工损失，导致司法实践中存在证明标准不清晰、赔偿标准不统一、特殊群体主张难以支持的情况。误工费能否支持、如何充分举证越来越引起更多人的关注。为充分保障被侵权人合法权益，结合司法实践，做如下几个方面的普法提示：

第一，特别群体可依法维权。误工费的认定直接关系被侵权人合法权益，如果被侵权人确因案涉交通事故产生误工损失，可依法据实主张。对于失业人员、兼职人员等不同群体，亦是如此。

第二，注意留存相应证据。《最高人民法院关于适用〈中华人民共和国民事诉讼法〉的解释》第九十条规定，当事人对自己提出的诉讼请求所依据的事实或者反驳对方诉讼请求所依据的事实，应当提供证据加以证明，但法律另有规定的除外。在作出判决前，当事人未能提供证据或者证据不足以证明其事实主张的，由负有举证证明责任的当事人承担不利的后果。被侵权人如果主张误工费，需充分举证证明其存在误工损失。因此，被侵权人应注意提升证据维权意识，注意留存医院诊断证明、病历、医嘱等记录。在提出误工费诉求时，需要提交劳动合同、误工证明、收入明细、完税证明、社保交纳记录等各类材料对其主张予以佐证。

第三，可依法提出鉴定申请。《最高人民法院关于适用〈中华人民共和国民事诉讼法〉的解释》第一百二十一条规定，当事人申请鉴定，可以在举证期限届满前提出。申请鉴定的事项与待证事实无关联，或者对证明待证事实无意义的，人民法院不予准许。人民法院准许当事人鉴定申请的，应当组织双方当事人协商确定具备相应资格的鉴定人。当事人协商不成的，由人民法院指定。符合依职权调查收集证据条件的，人民法院应当依职权委托鉴定，在询问当事人的意见后，指定具备相应资格的鉴定人。2020 年 5 月 1 日施行的《最高人民法院关于民事诉讼证据的若干规定》第三十条规定，人民法院在审理案件过程中认为待证事实需要通过鉴定意见证明的，应当向当事人释明，并指定提出鉴定申请的期间。符合《最高人民法院关于适用〈中华人民共和国民事诉讼法〉的解释》第九十六条第一款规定情形的，人民法院应当依职权委托鉴定。第三十一条规定，当事人申请鉴定，应当在人民法院指定期间内提出，并预交鉴定费用。逾期不提出申请或者不预交鉴定费用的，视为放弃申请。对需要鉴定的待证事实负有举证责任的当事人，在人民法院指定期间内无正当理由不提出鉴定申请或者不预交鉴定费用，或者拒不提供相关材料，致使待证事实无法查明的，应当承担举证不能的法律后果。依据前述法律规定，如被侵权人认为有必要，可以在案件审理过程中向法院提出关于误工期的司法鉴定申请，在确定鉴定机构后，由司法鉴定机构对其因案涉交通事故造成的误工期进行司法鉴定。

案例六

如何认定交通事故中车辆贬值损失？

杨云霞[①]

案情回顾

2018年4月20日，在京港澳高速某公里处，赵某驾驶奔驰牌小轿车与王某驾驶的奥迪牌小轿车发生追尾事故，经交警处理，认定赵某负事故全部责任，王某无责任。经查，王某与曹某系夫妻，王某所驾驶车辆系曹某所有，注册日期为2016年5月23日，使用性质为非营运。

关于车辆贬值损失，王某曾委托公估公司对其驾驶车辆的损失价格进行评估。该公司出具的报告结果为：车辆损失金额合计为166131.99元。该车实际维修花费为200153元，该费用保险公司已赔付完毕。王某委托公估公司对其驾驶车辆的贬值损失进行评估。该公司出具报告结果显示，该车于2016年5月20日购买，新车含税购置价为69.51万元，2018年4月20日发生交通事故，造成本车车损166131元，损失部位是右前后车门、右前后轮胎、后保险杠、后盖等，主要为车身右外围件，虽未涉及车身框架等重要部位，但修理更换后也对该车实际价值造成贬值损失，车辆贬值损失金额为64880.5元。王某为上述两项评估共支付评估费16000元。赵某、赵某所在文化发展公司、赵某驾驶车辆投保的保险公司对曹某提交的上述鉴定报告的关联性均不予认可，对车辆贬值损失和评估费用均不同意赔付。此外，曹某还主张替代性交通工具费用、误工损失，并提交了相关证据予以佐证。关于交通损失，曹某未提交证据。

事故发生后，就车辆损失赔偿问题，各方协商未果。曹某将赵某、文化发展公司及保险公司三方诉至法院，要求：1. 赵某和文化发展公司连带赔偿

① 北京市第二中级人民法院法官助理。

其误工费、交通费、替代性交通工具费、车辆贬值损失费、鉴定费，各项财产损失共计106297.16元；2.保险公司在保险责任范围内对上述款项承担赔付责任；3.诉讼费由赵某、文化发展公司及保险公司承担。

一审法院经审理认为，同时投保机动车第三者责任强制保险和第三者责任商业保险的机动车发生交通事故造成损害，当事人同时起诉侵权人和保险公司的，先由承保交强险的保险公司在责任限额范围内予以赔偿；不足部分，由承保商业三者险的保险公司根据保险合同予以赔偿；仍有不足的，依照《道路交通安全法》相关规定由侵权人予以赔偿。本案中，王某与赵某发生的交通事故导致曹某车辆受损，公安交通管理部门作出赵某负全部责任、王某无责任的事故认定，符合法律规定，法院予以确认。关于车辆贬值损失费，曹某车辆非新购置的，本次事故并未伤及车身框架等重要部位，车辆受损部位均已修复并由保险公司理赔完毕，曹某该项诉讼请求依据不足，法院不予支持；关于替代性交通工具费用，曹某主张的替代性交通工具费用属于因道路交通事故造成的财产损失，该项诉讼请求于法有据，法院予以支持，但其提交的证据存在瑕疵，法院对该费用依法酌定为12000元。因该项费用属于交通事故造成的间接损失，不属于保险公司赔偿范围，故应由赵某承担。关于误工费及交通费，证据不足，法院不予支持；关于鉴定评估费用，并非曹某支付，曹某要求被告赔偿缺乏依据，法院亦不予支持。曹某要求文化发展公司承担连带责任、保险公司在保险责任范围内对上述款项承担赔付责任依据不足，法院不予支持。据此，一审法院判决：一、被告赵某于判决生效后15日内赔偿原告曹某财产损失12000元；二、驳回原告曹某的其他诉讼请求。

判决后，曹某不服，提出上诉。其认为一审判决认定车辆贬值损失费请求依据不足；对因事故产生的鉴定评估费用、误工费、交通费不予认定属于认定事实错误；将替代性交通工具费认定为12000元系认定事实错误；赔偿款应由保险公司在承保范围内先行赔付，不足部分由赵某及文化发展公司承担连带赔偿责任。

二审法院经审理认为，本案中，案涉事故经公安机关交通管理部门确认，赵某负事故的全部责任，王某无责任。因赵某的车辆在保险公司投保了交强险及商业三者险，故保险公司应在承保范围内先行赔偿，不足部分或不属于承保范围内的责任，再由赵某予以赔偿。现曹某上诉称赵某事发时系履行职务行为，文化发展公司应当承担连带赔偿责任，但其并未提供充分证据予以佐证，仅依据现有证据难以确认赵某在事故发生时正在履行职务，对于曹某的前述说法难以采信。

关于车辆贬值损失费，依据查明事实，曹某的车辆自购买至事故发生时已近两年，并非新车；且依据其提交的公估报告显示本次事故车辆受损未涉及车身框架等重要部位，故曹某主张的车辆贬值损失缺乏充分事实及法律依据，一审法院对此未予支持并无不当。关于鉴定评估费用，公估报告书显示的委托人及相关缴费票据显示的交款人均为王某，故一审法院对该项主张不予支持并无明显不当。关于误工费，曹某虽提交了其所在公司出具的证明，但并无相应银行流水及实际扣发工资的材料予以佐证，且前述证明仅明确其因处理交通事故请假，无扣发工资之表述，综合考量现有证据及曹某的职务等，对于曹某主张赔偿误工费用的请求，法院难以支持。关于交通费，曹某并未提供证据，且事故发生后其租车出行并在本案主张替代性交通工具的费用，一审法院对其此项主张未予支持并无不当。关于替代性交通工具费用，曹某提交了租车合同及增值税发票予以佐证，一审法院结合本案实际情况确认曹某替代性交通工具费用具有相关依据，因该费用属于交通事故造成的间接损失，不属于保险公司的承保范围，故应由赵某予以赔偿。最终法院判决驳回上诉，维持原判。

法理分析

随着社会的发展，交通事故发生率频频上升，给公众的人身和财产造成重大影响。车辆维修费、误工费、替代性交通工具费用等作为原告的诉讼请求已并不鲜见，但交通事故发生率的不断攀升使车辆贬值损失作为一种独立的损害赔偿请求日益受到关注，理论界与实务界对于车辆贬值损失是否应当赔偿，赔偿标准如何也存在一定争议。正如本案中，原告曹某所主张的车辆贬值损失应否得到支持？如果应予支持，支持的赔偿标准又应如何把握都值得探讨。

（一）车辆贬值损失及其理论争议

车辆贬值损失是指车辆遭受交通事故毁损进行维修后，车辆整体技术指标难以达到事故发生前的状态，在驾驶性能、安全度、使用寿命等方面都存在不同程度降低，进而导致车辆使用价值有所降低。此时，车辆虽经修复仍保有使用价值，但车辆交易市场通常对事故车辆存在厌弃心理，买受人对于事故车辆的心理评价降低，从而影响该车在交易市场的价值。因此，车辆经事故损毁维修后的价值与其自然贬值之间存在的负差额，即称为车辆贬值损失。

关于车辆贬值损失，我国法律及司法解释并未作出明确规定。2016 年 3 月 4 日《最高人民法院在关于“关于交通事故车辆贬值损失赔偿问题的建议”的答复》（以下简称答复）中提出了相关意见，该答复认为目前对于车辆贬值损失应持谨慎态度，倾向于原则上不予支持，在少数特殊、极端情形下，可以考虑适当赔偿，但必须慎重考量，严格把握。依据答复规定，不支持车辆贬值损失主要有以下四点原因：1. 虽然理论上不少观点认为贬值损失具有可赔偿性，但仍存有较多争议，如因维修导致零部件以旧换新是否存在溢价，从而产生损益相抵的问题等；2. 贬值损失的可赔偿性要兼顾一国的道路交通实际状况。目前我国事故率比较高、人们道路交通安全意识尚需提高，赔偿贬值损失会加重道路交通参与人的负担，不利于社会经济发展；3. 我国目前鉴定市场尚不规范，缺乏认定贬值损失的统一标准。由于贬值损失数额确定的不科学，可能导致案件实质上的不公正，加重侵权人的负担；4. 规定贬值损失可能导致本不会成诉的交通事故案件大量涌入法院，不利于减少纠纷。

如前所述，对于应否支持车辆贬值损失这一问题理论界存有争议，最高人民法院出台的答复认为原则上不支持车辆贬值损失赔偿，但并未排除特殊情况下的适当赔偿。面对诉讼中日益增多的车辆贬值损失赔偿请求，部分地区出台了相关文件对车辆贬值损失作出规定，但大多为概括性规定，缺乏可操作性，无法实际指导此类案件的审理，实践中对于车辆贬值损失的认定也存在不同的做法。

（二）司法实践中车辆贬值损失的认定分歧

一方面，立法层面缺乏车辆贬值损失的明确规定；另一方面，对于车辆贬值损失是否存在及数额计算亦无可操作的统一标准，导致实践中法官大多对于车辆贬值损失持较为谨慎的态度，认定车辆贬值损失存在较大难度。目前，不支持车辆贬值损失的主要理由有：于法无据、未提供证据佐证车辆贬值损失存在、贬值损失不属于交通事故财产损失赔偿范围、不是新车或未进行交易，没有发生贬值损失费用的合理性等。而支持车辆贬值的损失的主要理由有：车辆使用期限较短、车辆整体性能下降、损失数额的鉴定评估客观真实、车辆损失严重，仅通过维修无法填平损失等。

具体到本案中，曹某起诉要求赵某及文化发展公司赔偿车辆贬值损失，而依据查明事实，曹某的车辆系 2016 年 5 月 20 日购买，事故发生时间为 2018 年 4 月 20 日，自买车至事故发生之日已近两年，并不属于新购置的车辆。且依据曹某提交的公估报告显示，交通事故并未造成曹某车辆车身框架等重要部位的损毁，其损坏部分均已维修完毕并经过保险公司赔付，故曹某起诉要求赔偿车辆贬值损失缺乏充分事实及法律依据，法院最终对其该项请求未予支持。

知识拓展

（一）认定车辆贬值损失的考量因素

事故发生后，车辆的贬值损失是客观存在的，在案件实际情况符合一定条件时，车辆贬值损失仍可以通过法律途径求得相应赔偿。法官在裁判过程中，应当综合考量车辆价值及折旧情况、车辆受损害程度、不以实际交易或相关用途为条件等因素，对车辆贬值损失赔偿的情况予以限定。

1. 车辆价值及折旧情况

一般而言，车辆本身的价值越高，其在交通事故中贬值的额度就越大，但该贬值程度与其自身特殊性相关联，为了避免给侵权人造成过重负担，不宜认定全额赔偿。因此，相对于一般车辆而言，支持豪车贬值损失的赔偿可能性更高，但赔偿数额根据实际情况有所限定。随着使用年限或行驶里程的增加，车辆必然存在一定折旧，进而影响整辆汽车的性能与状态，一定年份后的折旧值反而可能超过贬值损失本身，故支持车辆贬值损失的车辆通常是使用年限较短或行驶里程数较少的车辆。

2. 车辆受损害程度

实践中，车辆的受损程度一般包含两种情况，一种是损害程度较轻，车辆的主体结构、基本功能没有受到大的损坏，经过维修或者更换零件就能发挥正常的功能及作用，如车辆剐蹭造成非主要零部件损坏。另一种则是损害程度较重，车辆的主要部件如发动机、变速器等遭受严重毁损导致内在的结构性损害，维修后虽能够继续使用，但难以恢复到事故发生前的状态，车辆的整体性能、安全度等明显下降。损害程度较轻的车辆，车辆维修后对其后续使用或价值并无较大影响，不应视为贬值损失，而对于维修后仍无法复原的严重损害，对车主造成贬值损失的概率较大，一般其得到法律上救济的可能性也较大。

3. 不以实际交易或相关用途为条件

理论中，有学者主张只有在事故车辆转让或交易时才产生贬值损失，将车辆转让作为获赔贬值损失必备条件。确实，事故车辆在交易过程中贬值损失更显而易见，但非用于交易的车辆，如自用车辆、营运车辆，遭遇车祸损毁严重后，其维修之后性能、安全性等方面的降低仍是客观存在的，也可能属于贬值损失的范围。车辆贬值损失是客观存在的，不因其是否进入市场交易或存在相关用途而有所变化，故衡量车辆贬值损失是否存在及应否赔偿不应以车辆是否实际交易或存在相关营运等用途为限制条件。如果以发生实际交易为认定贬值损失的必要条件，则自用车辆、营运车辆在遭遇严重损毁时，将无法获得相应救济，与民法所倡导的公平原则相悖。

4. 原告提出相关诉讼请求并承担初步举证责任

有损失就有救济是侵权法的一般原则，但不告不理亦是法院审理案件的基本原则，若原告没有就贬值损失向法院提出相应诉讼请求，法院并不能直接就该项问题进行审理，只有原告在诉至法院时明确主张车辆贬值损失并承担法律规定的初步举证责任，法院才能就该事项进行依法审查。就初步举证责任的范围而言，包含但不限于以下几个方面：车辆所有权归属及购买使用信息、车辆因事故遭受严重毁损产生贬值损失、贬值损失的具体数额等。

（二）特殊、少数情况下认定车辆贬值损失的合理性

首先，赔偿车辆贬值损失符合侵权法的完全赔偿原则。车辆贬值损失作为受害人遭受的客观财产损失，其修复后实体权能可能已恢复圆满，但其产生的性能落差、市场价值降低，也是对受害人权益的损害，如只支持赔偿汽车维修费用，则此部分损害并未得到救济，不符合完全赔偿原则。其次，相关社会因素的影响具有可控性。一方面适当支持车辆贬值损失，可以反向督促民众形成安全驾驶、安全出行的意识，使其在驾驶过程中更加谨慎自律，减少交通事故发生率；且车辆贬值损失数额可以根据实际情况予以限定，防止对交通参与人造成过重负担。鉴定机构亦可以通过统一鉴定标准等方式不断提高贬值损失数额鉴定的科学性。对法官而言，鉴定机构的鉴定结果仅具有参考价值，裁判结果并不需要完全依赖鉴定结果，法官可以将鉴定结果与案件实际情况相结合，最终合理确定车辆贬值损失数额。

综上，对于当事人主张的车辆贬值损失赔偿请求，应根据案件实际，对造成车辆可修复性外观损坏、可替换性部件损坏等情况，原则上不支持贬值损失，但对于购买年限或行驶里程较短的车辆造成严重损坏，足以使车辆严重贬值，给车辆所有人造成重大损失的，可以酌情支持车辆贬值损失，但在数额确定时要充分考虑各方当事人的过错程度、经济状况、车辆价值差别、负担能力等因素，避免造成一方当事人负担过重，利益失衡。

普法提示

随着经济进步和社会发展，社会节奏的加快导致人们对出行的效率和速度都提出更高的要求，交通事故发生率也随之不断攀升，给社会公众的人身和财产带来严重损害。人们往往在事故发生后才后悔莫及，亲人逝去的悲痛、巨额财产的损失给我们带来一次又一次血的教训。社会公众、保险公司、鉴定机构都应把握好自身角色定位，努力维护社会的和谐稳定。

首先，作为普通社会公众，应注意以下几点：1. 驾车出行时系好安全带，遵守各项交通法规，牢记安全驾驶理念。在发生事故后及时拨打 110 和 120，请求相关部门进行处理，同时注意保护好事故现场并留存相关证据。2. 购买车辆后留存好相关购买票据及证明，及时为车辆购买保险合理分摊事故风险，发生事故后及时告知保险公司并定损。3. 事故发生后，应秉持理性态度进行沟通，及时止损，若双方无法就赔偿事宜达成一致，必要时可以采取法律途径依法维权。4. 若车辆系新车，且因事故损毁较为严重，经维修后车辆性能无法完全恢复，在有条件的情况下，可以到专业鉴定机构对车辆的贬值损失进行鉴定，为后续维权打好基础。

其次，保险公司应承担应有的社会责任。在投保人进行投保时保险公司应对相关权利义务尤其是免除保险公司责任加重投保人责任的内容进行明确提示说明，确保投保人对保险合同的内容充分知晓。在事故发生后及时履行各项义务，尽量使各方利益实现最大化。

最后，鉴定机构应当严格按照鉴定规则和程序进行鉴定，确保鉴定结论的科学性和准确性，提高鉴定机构的社会公信力。在相关鉴定内容缺乏统一明确标准时，如本案所涉及的车辆贬值损失内容，可以加强行业内部沟通交流，确定明确可操作的鉴定标准，使鉴定结论更加客观、真实。

案例七

如何认定交通事故案件中精神损害抚慰金？

毕凤敏[①]

案情回顾

清晨，骑行电动车的刘某与驾驶机动车的赵某发生碰撞，造成刘某头面部着地受伤，双方因交通事故责任产生争议，赵某对此事故报案。经公安机关交通管理部门认定，赵某未按规定让行的交通违法行为与本次事故存在因果关系，应负事故的全部责任，刘某无责任。后刘某自行前往医院就医。双方又因赔偿问题产生纠纷，刘某诉至法院，要求赵某赔偿医疗费 15232.05 元、误工费 163867.29 元、营养费 1000 元、交通费 1398 元、财产损失 1000 元、精神损害抚慰金 50000 元、护理费 4000 元等各项损失，赵某驾驶机动车投保的保险公司在交强险及商业三者险项下承担赔偿责任。

一审法院经审理认为，公安机关交通管理部门就本次事故出具交通事故认定书，认定赵某负全部责任，刘某无责任。本案中，赵某对交通事故责任认定不服，但未就交通事故认定书申请行政复议，亦未提交相反证据推翻该认定，故对交通事故认定书予以认定，赵某应对刘某产生的合理损失承担全部赔偿责任。关于医疗费，刘某提交了诊断证明、医疗费发票等证据，认定医疗费 15232.05 元；关于营养费，考虑到刘某伤情康复需要，支持营养费 1000 元；关于护理费，根据刘某的实际伤情，酌定护理期为 15 天，护理费按每日 150 元计算，共计 2250 元，超过部分不予支持；关于财产损失，刘某提交了购买衣物的付款记录及衣物受损的照片，支持财产损失 1000 元；关于交通费，考虑到其多次就医的实际情况，酌定赔偿 1000 元；关于误工费，刘某提交医嘱、误工证明、纳税记录，虽刘某主张平均月收入为 7 万元，但纳税记录显示 2020 年

---

① 北京市第二中级人民法院法官助理。

的全年收入合计为224070.83元，刘某主张的全年收入水平明显高于纳税金额，对此不予采信，考虑到误工时间及纳税收入情况，酌定误工费为20000元；关于精神损害抚慰金，符合法律规定，具体金额酌定为4000元。一审判决作出后，刘某与赵某均对精神损害抚慰金等赔偿项目不服，上诉至二审法院。

关于精神损害抚慰金，赵某上诉主张刘某未因本次事故造成伤残，不应支持精神损害抚慰金。刘某上诉主张受伤后其无法既要忍受治疗痛苦，又要忍受瘢痕引起的他人关注，造成其严重的精神损害，且赵某负事故全部责任，应惩罚其承担较高的精神损害赔偿，一审法院认定的精神损害抚慰金过低，要求改判为50000元。二审法院认为，侵害他人人身权益，造成他人严重精神损害的，被侵权人可以请求精神损害赔偿。因此，精神损害抚慰金的赔偿并不以构成伤残为必要条件，赵某的上诉主张于法无据，不予支持。本案中，刘某因交通事故受伤，主要伤情集中在头面部，后续瘢痕治疗时间较长，确实造成刘某在身体上和精神上遭受痛苦，亦对其日常工作生活造成不便。此外，本次事故中赵某负全部责任，刘某无责任。综合考虑双方过错程度、刘某伤情程度及具体位置等因素，一审法院酌定精神损害抚慰金为4000元，符合本案实际情况。刘某上诉主张的金额过高，且其所称惩罚性精神损害赔偿于法无据，故对其精神损害抚慰金数额中超出合理部分不予支持。最终，二审法院判决驳回双方上诉，维持一审判决。

法理分析

精神损害赔偿是指因侵害他人的人身权益造成严重精神损害时，侵权人应当向被侵权人支付精神损害抚慰金。精神损害赔偿不同于财产损害，其因精神损害自身的抽象性、主观性而难以精确量化，虽然《最高人民法院关于确定民事侵权精神损害赔偿责任若干问题的解释》《最高人民法院关于审理人身损害赔偿案件适用法律若干问题的解释》以及《民法典》侵权责任编等成文法均对精神损害赔偿作出规定，但司法实践中案件当事人对于精神损害赔偿功能、赔偿条件以及具体金额仍存在一定争议。

（一）精神损害赔偿的功能

如财产损害赔偿一样，精神损害赔偿也是建立在补偿而非惩罚的思想之上的。就上述案件而言，虽然赵某的侵权行为对刘某造成精神损害，但在侵权法律层面，是通过责令赵某赔偿相当数量的金钱补偿刘某的精神痛苦，使其从侵权事故的阴影中尽快走出来，而非通过精神损害赔偿惩罚赵某，刘某对精神损害赔偿的功能存在认识错误。因此，精神损害赔偿的首要功能是补偿功能。同时，精神损害赔偿还具备抚慰功能，即通过精神损害赔偿体现法律伸张正义的精神，从而抚慰被侵权人的痛苦，减少他们的愤懑，这也是精神损害赔偿被称为精神损害抚慰金的原因。

（二）精神损害赔偿的赔偿条件

一般认定侵权人应当赔偿被侵权人精神损害赔偿，不仅应当符合一般侵权责任的构成要件，还应当符合以下特定条件：

1. 特定主体为自然人

目前精神损害赔偿主体为自然人没有争议，但对于是否包括法人及其他组织有不同观点。考虑到精神损害一般是精神及肉体的痛苦，侧重对人权和人格尊严的保护，而法人及其他组织不具有精神感受力，不存在精神上或肉体上的损害。同时为避免精神损害赔偿制度被滥用，《民法典》侵权责任编明确将精神损害赔偿的主体限定为“自然人”。

2. 适用范围包括侵害人身权益或具有人身意义的特定物

原《侵权责任法》对精神损害赔偿的适用范围限定在人身权益，如生命权、身体权、健康权、姓名权、肖像权、名誉权、荣誉权、人格尊严权、人身自由权、隐私或其他人格利益、监护权、婚姻自主权以及死者的人格利益等。《民法典》侵权责任编在此基础上，吸收了《最高人民法院关于审理人身损害赔偿案件适用法律若干问题的解释》的规定，将具有人身意义的特定物在法律层面予以确认，即因故意或者重大过失侵害自然人具有人身意义的特定物造成精神损害的，被侵权人有权要求精神损害赔偿。

3. 侵害程度为造成严重精神损害

如果被侵权人只是遭受了一般或轻微的精神损害，则无法获得精神损害赔偿。司法实践认为，被侵权人死亡或者残疾等严重损害后果，必然会造成严重精神损害。如果在此之外主张精神损害，被侵权人应当举证证明存在严重精神损害。就上述案件而言，根据医院诊断证明，刘某因交通事故造成头面部受伤，留有较大面积的瘢痕，后经较长时期的瘢痕治疗，虽其未构成伤残，但引起受伤部位较为特殊，在治疗期间其要承受因瘢痕所带来的痛苦及不便，故一审、二审法院均认定刘某遭受了严重精神损害，符合案件实际情况，亦未突破法律对严重精神损害的限制。

（三）精神损害赔偿的具体数额

《最高人民法院关于审理人身损害赔偿案件适用法律若干问题的解释》第十条第一款曾对精神损害赔偿数额的确定因素作出具体规定，即侵权人的过错程度，侵害的手段、场合、行为方式等具体情节，侵权行为所造成的后果，侵权人的获利情况，侵权人承担责任的经济能力；受诉法院所在地平均生活水平。就上述案件而言，在认定精神损害赔偿具体金额时，考虑了侵权人赵某对交通事故承担全部责任，而刘某无责任，即考虑了双方当事人的过错程度。

需要指出的是，在认定精神损害赔偿的具体数额时需要考虑较多因素，且精神损害本身具有抽象性及主观性，决定了很难以单一标准直接确定精神损害赔偿的具体数额，因此，被侵权人主张精神损害赔偿时应当尽量从本案自身出发提供相应证据以供人民法院判断。

知识拓展

在很多严重的交通事故中，被侵权人因侵权人的交通违法行为死亡的，后续的精神损害赔偿应当由谁向侵权人主张？如果侵权人因此交通事故被认定为交通肇事罪或其他犯罪而被追究刑事责任，那么侵权人是否可以免除精神损害赔偿？

（一）被侵权人死亡的，近亲属是否可以主张侵权人承担精神损害赔偿？

精神损害赔偿一般被认为用于补偿和抚慰被侵权人所受到的精神损害，如果被侵权人死亡则意味着其权利主体资格不复存在。那么被侵权人的近亲属是否可以向侵权人主张精神损害赔偿呢？在此情形下，应当允许被侵权人的近亲属主张精神损害赔偿。

首先，从损害与赔偿的利益衡量来看，在交通事故中死亡的被侵权人，其本身是直接受害人，其近亲属责任间接受害人。一般侵权案件中，间接损失不予赔偿，以免加重侵权人的赔偿负担导致利益失衡。但在被侵权人死亡的情况下，侵权人并未赔偿被侵权人所遭受的直接精神损害，被侵权人的近亲属主张精神损害赔偿，不会加重侵权人赔偿负担的，亦符合社会民众对公平正义理念的普遍理解。

其次，从精神损害赔偿的功能来看，被侵权人的死亡给其近亲属带来了巨大的精神痛苦，也使其承受着对侵权人无法释怀的怨愤。这种痛苦与怨愤虽然不能通过金钱赔偿的方式得到真正的补偿，但可以在一定程度上抚慰他们的痛苦，使他们尽快从失去至亲的阴影中走出来，重拾对生活的信心。

最后，从现行立法及司法解释的层面来看，此前《最高人民法院关于确定民事侵权精神损害赔偿责任若干问题的解释》明确规定了被侵权人死亡时近亲属主张精神损害赔偿的顺序，原《侵权责任法》亦表明被侵权人死亡时近亲属有权向侵权人主张侵权责任，《民法典》侵权责任编第一千一百八十一条规定亦没有否定近亲属向侵权人主张精神损害赔偿。因此，在被侵权人死亡的情况下，其近亲属有权主张侵权人承担精神损害赔偿。

（二）侵权人已受刑事处罚，被侵权人是否可以主张精神损害赔偿？

交通事故中，侵权人构成交通肇事罪或其他形式犯罪并被追究刑事责任的，被侵权人是否可以主张精神损害赔偿呢？目前这一问题在司法实践中仍有争议，需要立法予以明确。

一种观点认为，《刑事诉讼法》第一百零一条仅规定受害人有权就物质损失要求被告人承担赔偿责任，未规定受害人可以请求精神损害赔偿。《最高人民法院关于适用〈中华人民共和国刑事诉讼法〉的解释》第一百三十八条第二款规定，因受到犯罪侵犯，提起附带民事诉讼或者单独提起民事诉讼要求赔偿精神损失的，人民法院不予受理。根据法律明确规定，并考虑在交通事故中侵权人已受刑事处罚的情形下，被侵权人遭受的精神损害已通过被侵权人被定罪的方式得到了补偿，因此被侵权人不应再向侵权人主张精神损害赔偿。

另一种观点认为，《最高人民法院关于审理道路交通事故损害赔偿案件适用法律若干问题的解释》第十六条规定，同时投保交强险和商业三者险的机动车发生交通事故造成损害，当事人同时起诉侵权人和保险公司的，人民法院应当按照下列规则确定赔偿责任：先由承保交强险的保险公司在责任限额范围内予以赔偿；不足部分，由承保商业三者险的保险公司根据保险合同予以赔偿；仍有不足的，依照道路交通安全法和侵权责任法的相关规定由侵权人予以赔偿。被侵权人或者其近亲属请求承保交强险的保险公司优先赔偿精神损害的，人民法院应予支持。根据上述司法解释确定的交通事故损害赔偿规则，精神损害抚慰金系交强险保险公司法定赔偿项目，且交强险制度更为强调社会保障功能，更为重视交强险对受害人损失的填补功能，在交强险责任限额内，保险公司的赔偿责任并不依附于被保险人的侵权责任。因此，侵权人被追究刑事责任并不应当然免除保险公司依法应承担的精神损害赔偿义务。

普法提示

（一）提高交通安全意识，严格遵守交通规则

随着机动车、电动自行车等代步工具的增加，交通风险也与日俱增，这

就需要我们每一位交通参与者提高交通安全意识，严格遵守交通规则，尤其是在上班的早晚高峰特殊时段以及交通比较拥堵、路况条件较差的特殊路段，避免“路怒症”，小心谨慎驾驶。

（二）增强证据意识，充分举证证明精神损害

精神损害不同于财产损害，其因精神损害自身的抽象性、主观性而难以精确量化，且法律规定只有在遭受严重精神损害时才可主张精神损害赔偿，一般或者轻微的精神损害不在赔偿之列。因此，被侵权人应根据自身伤情考虑是否需要进行伤残鉴定，以佐证自身遭受严重精神损害。如果不构成伤残，被侵权人亦应根据自身伤情的具体部位，妥善保管医院诊断证明等证据以供后续举证需要。

（三）根据自身受伤情况进行类案检索

目前，司法实践中确实对精神损害赔偿的部分问题存在争议，如上述侵权人已受刑事处罚的，被侵权人是否可以主张精神损害赔偿的问题。被侵权人或其近亲属可以根据自身情况检索受诉法院对精神损害赔偿相关问题的裁判观点，提前了解精神损害赔偿问题的可能结果，从而有的放矢地准备诉讼理由及证据等，增加胜诉概率。

案例八 认定替代性交通工具费用的有哪些因素？

欧阳艺纯[①]

案情回顾

王某驾驶大型客车在方庄环岛行驶，在行驶出环岛的时候，王某的大型客车撞上了张某的大众牌小汽车，造成两车损坏，张某受伤。该事故经过交管部门认定，王某负此次交通事故的全部责任，张某无责任。事故发生之后，张某将车辆送到某汽车服务有限公司进行修理，支付汽车修理费35680元。该数额和中国人民财产保险股份有限公司某分公司（以下简称人保某分公司）定损金额是一致的，对该金额人保某分公司认可。王某驾驶的大型客车投保交强险及50万元商业三者险，事故发生在保险期限内。

因协商未果双方诉至法院，张某向一审法院提交《结算单》，载明维修开始日期为2019年8月24日到预计交车日期2019年9月15日。在此期间，张某向一审法院提交《某市汽车租赁合同》《××租车公司补充协议》、××汽车租赁公司合同登记表、××有限责任公司出具的租车发票等，欲证明其在车辆维修期间，租用奥迪车辆一辆，满足张某平时的工作业务需求，租赁期限为2019年8月22日到2019年9月30日，经过一审法院查明，张某2019年9月29日将维修车辆取回。张某称其由于经营活动需要出差，导致其未在9月15日将车辆从维修公司取回。张某向一审法院主张要求赔偿其租用奥迪车辆的全部费用16000元。

一审法院经审理认为，王某驾驶的大型客车在人保某分公司投保交强险及商业第三者险，故保险公司应当在保险限额内先承担保险责任。保险公司先行赔付后不足的，再由王某承担赔偿责任。对于修车款，张某主张有法律

---

① 北京市第二中级人民法院法官助理。

依据及相应票据证明，一审法院予以支持，对于替代性交通工具费用，根据《最高人民法院关于审理道路交通事故损害赔偿案件适用法律若干问题的解释》第十五条规定，当事人可以请求侵权人赔偿非经营性车辆因无法继续使用所产生的通常替代性交通工具的合理费用等。本案中，王某因驾驶不当，造成张某车辆受损，在车辆维修期间张某另外租用了一辆汽车作为替代工具，以满足其日常工作，对于其主张替代性交通工具的诉讼请求，法院予以支持。综合考虑替代性交通工具的必要性、合理性的原则，并结合事故车辆的价值和用途、车辆维修时间等因素，由法院依法酌定替代性交通工具费。同时，替代性交通工具费属于间接损失，属于保险公司免责范围，故上述替代性交通工具的费用应当由王某承担。故一审法院判决：人保某分公司于判决生效后七日内在交强险内赔偿张某修车费2000元；人保某分公司于判决生效后七日内在商业三者险内赔偿张某修车费33680元；王某与本判决生效后七日内连带赔偿张某替代性交通工具费6000元；驳回张某其他诉讼请求。王某、张某不服一审判决上诉至二审法院，王某认为一审酌定替代性交通工具费过高，张某认为一审判决替代性交通工具费过低。

二审法院经审理认为，本案争议的主要焦点为一审判决的替代性交通工具费是否合理问题。根据《最高人民法院关于审理道路交通事故损害赔偿案件适用法律若干问题的解释》第十五条规定，当事人可以请求侵权人赔偿非经营性车辆因无法继续使用所产生的通常替代性交通工具的合理费用等。替代性交通工具费应当依据替代性交通工具的必要性、合理性的原则，并结合事故车辆的价值和用途、车辆维修时间等依法酌定。本案中，就替代性交通工具的合理性而言，张某自身驾驶的大众牌小汽车，是一般价格的小汽车，使用该车辆的主要目的是日常出行，但是张某在租用车辆的时候却租用奥迪车辆，同时考虑张某的职业，其使用车辆并非为了运营，非经营性交通工具一般都是作为代步工具，满足日常的出行需要即可，综合考虑以上因素，张某租用奥迪车辆明显超出了合理范围。此外，张某的租车时间不合理。就车辆维修时间而言，根据张某提供的维修车辆凭证，其在9月15日本就能够将维修车辆取回，是由于其自身原因才导致9月29日将车辆取回，其租用奥迪车辆的时间因此延长到 9 月 30 日，法院认为因张某自身无法按照正常时间取回维修车辆导致延长租赁奥迪车辆的费用，不属于必要费用，不应当计算到替代性交通工具费用中。因此，一审法院综合替代性交通工具的必要性、合理性的原则，并结合事故车辆的价值和用途、车辆维修时间等因素酌定替代性交通工具费为 6000 元，符合法律规定和事实情况，二审法院对此予以维持。

上述案例是关于替代性交通工具费用的案件，该案件涉及替代性交通工具费的赔偿义务主体以及认定替代性交通工具费需要考虑的因素。那么，替代性交通工具费应当由谁主张？替代性交通工具费应当由谁承担？替代性交通费的数额应当如何确定？怎样的替代性交通工具能够认定为合理？

法理分析

（一）保险公司仅就车辆损失承担赔偿责任，对于替代性交通工具费用等间接损失，不承担赔偿责任

根据《最高人民法院关于审理道路交通事故损害赔偿案件适用法律若干问题的解释》第十五条规定，当事人可以请求侵权人赔偿非经营性车辆因无法继续使用所产生的通常替代性交通工具的合理费用等，对于当事人是否能够主张由交强险及商业三者险来赔偿替代性交通工具费，理论和实践中存在争议。根据《机动车交通事故责任强制保险条款》第十条规定，被保险车辆发生交通事故，致使受害人停驶造成的损失属于间接损失，交强险不负责赔偿和垫付。一般在审判实践中，车辆维修费用，属于事故发生的直接损失，应当由交强险赔付，而替代性交通工具费用不属于事故发生的直接损失，不属于交强险保险责任范围。对于商业三者险而言，是否由其支付替代性交通工具费要取决于投保人和保险人之间签订的商业合同是否约定商业三者险中不包括替代性交通费等间接损失以及保险公司是否对上述条款尽到了合理的提示义务。如果合同中明确规定了间接财产损失不予赔偿且已经明确告知、

提示投保人，则商业三者险不予赔偿，但是如果商业三者险中对于上述条款没有明确规定或者保险公司未尽到告知义务，则商业三者险中对替代性交通工具费应当予以赔偿。

在交强险和商业三者险都不予以赔偿的情况下，由侵权人承担赔偿责任。在车辆存在挂靠的情况下，根据《民法典》第一千二百一十一条规定，以挂靠形式从事道路运输经营活动的机动车，发生交通事故造成损害，属于该机动车一方责任的，由挂靠人和被挂靠人承担连带责任，按照上述规定，替代性交通工具费由挂靠人和被挂靠人承担连带责任。在车辆系租赁或者借用的情况下，《民法典》第一千二百零九条规定，因租赁、借用等情形机动车所有人、管理人与使用人不是同一人时，发生交通事故造成损害，属于该机动车一方责任的，由机动车使用人承担赔偿责任；机动车所有人、管理人对损害的发生有过错的，承担相应的赔偿责任。根据上述规定，所有人和管理人是否承担赔偿责任，要看所有人和管理人对损害的发生是否存在过错，如在借用和租赁时是否对借用人和租赁人的驾驶资质进行审查，如果所有人和管理人对损害的发生存在过错，则需在其过错范围内承担相应责任。

（二）张某的租用车辆种类及租用期限不合理

在替代性交通工具的选择上不能具有较大的随意性，不应简单地认为被侵权人实际支出的替代性交通工具费用都可以作为认定损失的依据，否则会造成受害人“狮子大开口”的问题，造成侵权人的赔付责任过重。但是，何为合理的替代性交通工具？每个人的主观判断不尽相同，根据每个人的收入和交通出行习惯，作出的判断也会有所不同，但是总体而言，还是有一些因素可以作为衡量标准的，主要考虑因素为受害人的受伤程度。如果受害人受伤程度较为严重，达到行动不方便的程度，就不能期待其选择地铁、公交等方式出行，其租用舒适程度较高的车辆就属于合理的范围，租用舒适度较高的车辆也方便其后续就医等活动。本案中，张某本人只是在事故中受了一些轻微伤，也不需要驾驶车辆方便其后续就医，其租用奥迪车辆就明显地超出了合理的范围。此外，就替代性交通工具的使用期限，仅仅指的是为了维修的需要而花费的必要时间，而不是指汽车在汽车维修中心放置的实际时间，对于不合理延长的期限，要根据案件的具体情况确定分担原则。如由于双方协商未果导致车辆未及时维修，因此产生的费用应当由双方共同承担。本案中，维修车辆推迟半个月未取回，是由于张某的个人原因，因此延长的车辆租赁产生的费用，应当由张某自行承担。

知识拓展

租车服务在最近几年日益兴起，当事人主张替代性交通工具的案件呈现上升趋势。通过对此类案件调研，发现此类案件有以下几个特点，值得引起大家的注意。

（一）替代性交通工具的请求权主体仅限于使用权人

替代性交通工具的实质是“使用中断而造成的损失”，具体而言，指在维修期间因使用利益丧失而产生的相关损失，即可得知行使替代性交通工具的主体为车辆发生交通事故时享有使用利益的人。一般来说，请求权主体为车辆的所有权人，但是，当车辆长时间借用或者租赁给他人使用时，使用权人就是车辆使用利益的享有者，使用权人就能够成为替代性交通工具费用的请求权主体。

（二）替代性交通工具要有必要性

在认定替代性交通工具中，一般按照租用同等档次车辆为原则。问题的关键在于如何确定“同等档次”的概念，比如，是按照行业标准还是依据一般人的看法？档次高但年代久远的车辆与档次低但刚购买不久的车辆如何区分？旧车损害期间租用同款车型的新车是否存在恶意浪费？在司法实践中，一般按照事故发生时交通事故发生地或被损害车辆方实际居住地地区的租车行情和被损害车辆的新车价格与被损害车辆的新旧程度，给出一个租车费用的价值区间，由当事人自行租车。实际租车费用在估价范围内或之下，按实际费用计算，若超出，则超出部分自理，若不租车或未租到车，也可直接以估价范围的最低价格给予补偿。这也避免了要求受害人以实际支付的租金作为交通费而产生的诸如租不到车等情况导致不合理现象的产生，当然，受害人要对无法租到车辆进行举证，否则受害人的损失将被视为仅存在无法使用车辆的纯粹损失，这种损失是间接损失，不在赔偿范围之列。

（三）交通事故中车辆贬值是否能够赔偿？

在发生交通事故后，尽管车辆的维修费能够得到法官支持，但是许多车辆，尤其是名牌车，在维修之后不可避免地存在贬值的问题。但是由于车辆的贬值损失是间接损失，在司法实践中对于车辆贬值的损失是否赔偿问题也产生了不同的处理结果。一种观点认为，机动车因交通事故导致的价值减损是客观存在的，也是属于间接损失的一部分，具有请求权基础。但是由于车辆贬值损失不属于道路交通事故直接造成的损失，不属于商业险的承保范围，而是由投保人自行承担。另一种观点认为，车辆在事故发生后经过维修，在外观上虽然能够达到恢复如新的状态，但是会对机动车的使用寿命、安全性能、舒适性和驾驶操作性能等方面造成不可逆的影响，相应的贬值损失应当属于现有财产的价值的减少，符合直接损失的特征，应定性为直接损失，由保险公司在保险责任范围内承担赔偿责任。在司法实践中，还有法院不支持机动车价值减损赔偿请求的，主要理由为：（1）没有明确的法律依据。（2）机动车的价值减损没有办法准确计量，存在较大的主观空间，并且全国并没有出现较为权威的鉴定机构或者鉴定标准，车辆的损失价值在现实中不能够准确计量。（3）由于交通事故的高发性，如果支持机动车价值减损的赔偿请求，会大大增加司法运行的成本，增加对社会成员生产和生活的不确定性，对整个社会都是不利的。

（四）道路交通事故中的直接财产损失和间接财产损失

在道路交通事故中，根据财产损失与侵权行为的因果关系，可以将财产损失划分为直接财产损失和间接财产损失，交通事故中的直接财产损失指的是，直接由事故造成的财产损失。间接财产损失指的是虽然与事故有关，但并不是直接由事故造成，而是由事故产生的后果引发的其他财产损失。对直接损失和间接损失进行区分有利于厘清自己的诉求，明确哪些赔偿是能够从保险中索赔的，哪些是需要向侵权人主张的。一般而言，直接损失在保险中均能够得到赔偿，而部分间接损失可以向侵权人主张，部分间接损失是无法得到赔偿的。

交通事故直接财产损失包括：损坏的车辆、车载货物和物品、设施等，以及因伤失去使用价值或者死亡的牲畜；上述直接的财产损失由保险赔偿，不足部分由侵权人赔偿。间接损失如停运损失，如《最高人民法院在关于交通事故中的财产损失是否包括被损车辆停运损失问题的批复》中指出，在交通事故损害赔偿案件中，如果受害人以被损车辆正用于货物运输或者旅客运输经营活动，要求赔偿被损车辆修复期间的停运损失的，交通事故责任者应当予以赔偿。除此之外，替代性交通工具损失也是间接损失的一种。总而言之，根据我国法律及司法解释的规定，因交通事故导致车辆及财物损失，以赔偿直接财产损失为原则，赔偿间接财产损失为例外，能够获得的间接财产损失赔偿需要有法律法规的明确规定。

普法提示

随着社会的发展，车辆进入寻常百姓家，车辆数量的增多也使得交通事故数量逐年增长，由于人们的生活离不开车辆，就产生了替代性交通工具费用，从上面的案例中可以看出，替代性交通工具的认定还是遵循一定的规律的。因此机动车驾驶人无论是从保护道路行车安全的角度，还是从保护自身合法权益的角度都应该注意以下几点问题：

（一）在租赁车辆时要保存好发票等证据

在审判实践中，由于侵权责任法“填补损害原则”的功能定位，对替代性交通工具的支持，一般均以该费用已经实际发生为前提，并不支持基于物维修期间因使用可能性丧失而产生的抽象损失。简言之，替代性交通工具费用无花费则无赔偿。被侵权人应当提供充分的证据证明该笔替代性交通费已经实际发生并且却有必要。因此，租赁方一定要注意保存车辆租赁发票、车辆租赁合同等证据，没有租赁车辆的被侵权人应当保存好交通票据，如打车发票等，这样法院才会认定替代性交通工具实际发生，发票等证据也给法院认定替代性交通工具提供合理参考。

（二）在租赁车辆时应当遵循合理性和必要性的原则

使用替代性交通工具时，尽量租用和自己原来使用车辆同等价值的车辆，尽量避免租用名贵车辆，以防止由于租车不合理而自担费用的情况发生。在签订租赁合同时，根据车辆维修的时间，合理确定租赁期限，车辆维修期限到期后要及时取回，避免租赁时间过长，产生不必要的损失。交通事故发生后，双方应当就租车事项积极主动沟通，快速妥当解决纠纷，化解矛盾，不要因为无法达成一致而延长不必要的租车时间。

（三）单纯使用中断损失不予赔偿

单纯使用中断损失，是指在修理或者重置期间无法被权利人使用，被侵权人未采取替代措施时，对于不能使用导致不利的单方忍受，及被侵权人纯粹的使用不能的损失。上述损失在实践中很难得到赔偿，一是由于没有明确的法律依据，二是法院通常会以无实际损失为由驳回当事人诉请。在司法实践中，只有替代性交通工具费用损失这一项使用中断损失能够得到赔偿。因此，被侵权人在发生事故之后，如果对替代交通工具有需求，则需要实际使用替代性交通工具。

第三章

机动车交通事故保险理赔

案例一

车辆停运损失应由谁来赔?

侯晨阳①

案情回顾

一天，李晓亮驾驶的重型货车与沈晖驾驶的轻型货车发生了追尾事故，致使两车损坏，沈晖受伤。经交管部门认定，本次事故李晓亮负全部责任，沈晖无责任。事故发生后，李晓亮积极主动地赔偿了沈晖各项医疗费用，并向沈晖表示他的货车购买了50万元的“全险”，一切损失保险公司都会负责赔偿。可令沈晖意外的是，当他修完车拿着发票向李晓亮索要修车费时，李晓亮却不同意赔偿了，而让沈晖直接去法院起诉。为什么李晓亮的态度会出现一百八十度的大转弯呢?

原来沈晖驾驶的轻型货车并不是他自己的车，而是其工作单位小汤圆公司的公车，平时由沈晖负责驾驶，用来向北京的各大超市送货。发生交通事故后，由于轻型货车的修理时间比较长，小汤圆公司不得不租用一辆替代货车。沈晖在修车前曾经向李晓亮说起过，除了修车费以外，修车期间的租车费李晓亮也需要赔偿。李晓亮当时满口答应，因为他自己算了算，自己的车买的是“全险”，保额50万元，沈晖的车再怎么修也不会超过20万元，即使再加上租车费也是绰绰有余。可谁能想到，当李晓亮向保险公司的理赔人员咨询具体的理赔程序时，却被告知租车费保险公司不赔。

保险公司的理赔人员对李晓亮说，小汤圆公司租赁其他货车的费用，属于车辆发生交通事故造成的停运损失。根据保险公司与李晓亮签订的保险合同，停运损失属于间接损失，保险公司不负责赔偿，所以租车费只能由李晓亮自己赔偿了。

---

① 北京市第二中级人民法院员额法官。

听到保险公司的理赔人员拒绝赔偿租车费，李晓亮一下子就蒙了：当初买保险时保险公司的销售人员对他说“全险”就是全部损失都赔的保险。就是听了销售的介绍，李晓亮才选择投保了保费高出其他保险一大截的“全险”，可是现在保险公司又说什么间接损失不能赔偿，这不是赤裸裸的欺骗吗？

李晓亮和保险公司的理赔人员大吵了一架，但仍于事无补。无奈之下，当沈晖来找李晓亮要修车费时，李晓亮只能告诉沈晖保险公司不同意赔偿租车费，而他觉得这笔钱也不应该由自己出。如果沈晖坚持要租车费的话，那就只能通过法律途径解决。最终因双方协商不成，沈晖代表小汤圆公司向法院提起诉讼，要求李晓亮赔偿修车费、租车费共计 15 万余元。

一审诉讼中，各方主要的争议焦点就是租车费应该由谁负责赔偿。保险公司主张，其公司与李晓亮签订的《机动车第三者责任保险条款》第七条约定，保险公司不负责赔偿交通事故致使第三者停业、停驶等间接损失。因此，依据保险合同，租车费等间接损失应该由李晓亮负责赔偿。而李晓亮的律师则主张保险公司在销售保险时，并没有明确告知李晓亮相关保险的赔偿范围及间接损失不负责赔偿的情况，因此保险合同中免除保险公司赔偿责任的条款应不发生效力，租车费应由保险公司赔偿。

在双方僵持不下的时候，保险公司向法院出示了有李晓亮签字的《投保人声明》，内容是“保险人已就本合同投保险种对应的责任免除条款的概念、内容及其法律后果向本人进行了明确说明，本人已充分理解，同意以此声明作为订立保险合同的补充要件之一，《投保人声明》构成保险合同要件”。保险公司凭借这份声明，认为其在向李晓亮销售保险时，已经将相关问题向李晓亮进行了明确说明，因此李晓亮提出保险公司未告知赔偿范围的主张，明显不能成立。最终，一审法院基于保险公司提交的《投保人声明》，采信了保险公司的主张，认定保险公司已就保险合同中的免责条款尽到了提示义务和说明义务，该免责条款有效，租车费属于间接损失，应由李晓亮负责赔偿。

一审判决后，李晓亮不服，向二审法院提起上诉，称投保人声明上的签字并不是他本人所签，而是保险销售人员在其不知情的情况下代签的。经二审法院核对，投保人声明上李晓亮的签字与李晓亮签署的其他诉讼文件字体明显不符，而与保险单中载明的保险公司营销人员张大雁的签字字体高度吻合。基于此，二审法院要求张大雁出庭接受质询，保险公司表示张大雁已经离职，不能出庭接受质询。在二审法院释明后，保险公司表示也不申请就投保人声明上李晓亮的签字进行笔迹鉴定。

二审法院认为，依据《保险法》第十七条规定，订立保险合同，采用保险人提供的格式条款的，保险人应就免除保险人责任的条款作出注意引起投保人注意的提示，并对该条款的内容以书面或口头形式向投保人作出明确说明；未作提示或者明确说明的，该条款不产生效力。本次诉讼中，保险公司提交投保人声明，主张其已经尽到了免责条款的提示和说明义务，但根据现有证据，不能认定该声明上的签字是李晓亮本人所签，因此仅依据该份声明，不足以认定保险公司已充分履行其提示和说明义务，所以依据法律规定，该免责条款不产生效力。最终，二审法院改判租车费由保险公司负责赔偿。

那么，本案二审法院为什么会改判？判断保险合同中免责条款是否生效的法律依据又是什么呢？

法理分析

在了解保险合同免责条款发生效力的依据之前，我们先来了解一下什么是格式合同。

（一）格式合同

格式合同，又称为标准合同、定式合同，是指当事人为了重复使用而预先拟定，并在订立合同时未与对方协商的合同。通俗地说，大部分只能签字不能修改的合同一般都属于格式合同。格式合同是某些行业在频繁地、重复性地交易过程中，为了简化订立合同的程序，降低订立合同的成本而产生的。格式合同的优势在于便捷、省时、降低成本，但弊端在于采用格式合同的行业往往是发展较大，具有一定垄断性质的行业，如银行、电信、保险等。这些行业作为提供商品或服务的一方，往往利用其优势地位，制定有利于自己而不利于交易对方的条款，这一点在消费者作为合同相对方时则尤为突出。因此为了维护交易公平，特别是维护交易中处于弱势地位的消费者，必须对格式合同作出一定的限制。因此原《合同法》第四十条规定，提供格式条款一方免除其责任、加重对方责任、排除对方主要权利的，该条款无效。

（二）对于保险合同免责条款的限制

毫无疑问，保险合同也属于示范合同，其相关条款应适用于《民法典》合同编中对于格式条款的规定。但除此以外，《保险法》对于保险合同中免责条款的生效有着特殊的规定。《保险法》第十七条规定，对保险合同中免除保险人责任的条款，保险人在订立合同时应当在投保单、保险单或者其他保险凭证上作出足以引起投保人注意的提示，并对该条款的内容以书面或者口头形式向投保人作出明确说明；未作提示或者明确说明的，该条款不产生效力。根据这一条规定，保险合同中免除保险公司责任的相关条款想要发生效力，需要满足以下两个条件：一是保险公司在相关保险凭证上作出足以引起投保人注意的提示，即履行相应的提示义务；二是保险公司需要就该免责条款的内容向投保人作出明确说明，即履行相应的说明义务。在法院的司法实践中，主要也是通过判断保险公司是否履行了相应的提示义务和说明义务，来判断保险合同中的免责条款是否生效。

（三）案件的解读

在李晓亮的这起案件中，李晓亮和保险公司的主要争议焦点在于保险合同中关于停运损失等间接损失保险公司是否应承担赔偿责任的问题，也就是保险公司提供的格式保险合同中相应的免责条款是否发生效力的问题。如前面所谈到的，判断保险合同中的免责条款是否发生效力，一方面要看保险公司是否就免责条款尽到了提示义务，另一方面要看保险公司是否就免责条款尽到了说明义务。那么下面我们就从这两个方面来看保险公司是否尽到了相应的义务。

在本次诉讼中，保险公司提交的《机动车第三者责任保险条款》是保险业统一印制的格式合同，其中对于相关的免责条款均采用黑色加粗字体印刷，因此依据《最高人民法院关于适用〈中华人民共和国保险法〉若干问题的解释（二）》（以下简称《保险法司法解释二》）第十一条规定，应当认定保险公司已经尽到了提示义务。关于说明义务，保险公司提供了李晓亮签字的《投保人声明》。依据该《投保人声明》，李晓亮认可保险公司已经将保险合同中的免责条款的概念、内容以及法律后果向其进行了明确说明，其对于保险公司的说明已充分理解。那么以此看来，保险公司也尽到了充分的说明义务。那么为什么法院会二审改判该免责条款无效呢？

原来法院二审改判的原因主要是保险公司提供的证据在真实性上存在疑问，不能确定相关材料上李晓亮的签字是本人所签。在一审中，李晓亮本人并没有出庭，而是委托律师代为出庭。在保险公司向法院提交保险合同和《投保人声明》后，李晓亮的律师曾经给李晓亮打电话询问其是否签署过上述文件，李晓亮的答复是“时间太长记不清了，如果有我的签字那应该是我签的”。所以一审法院依据李晓亮本人的陈述认定了上述证据的真实性，并据此作出判决。但是在二审中，李晓亮本人亲自出庭，明确表示上述材料上的签字不是其本人所签。李晓亮说，一审开庭后他看了保险公司交给法庭的证据材料，发现保险合同和《投保人声明》上的签字都不是他本人的字迹。李晓亮回忆说这次保险是通过熟人介绍购买的，购买时保险销售人员就告诉他买的是全险，保险费转到了对方的银行账户，保单是后来寄到家里的，他从来就没见过保险销售人员，更不可能在保险合同和声明上签字。针对李晓亮的陈述，二审法院着重审查了保险合同和《投保人声明》上的签字，发现上述两份材料中“李晓亮”的签字与其在一审中提交的授权委托书等材料上的签字明显不符，但是与保险合同中记载的销售人员张大雁的签字高度吻合。而这一事实，也和李晓亮陈述其从未见过销售人员，签字是销售人员代签的陈述相吻合。基于上述事实，二审法院要求该保险的销售人员张大雁出庭接受质询，但保险公司表示张大雁是代理销售人员，已经离职，不能出庭接受质询。考虑到保险公司提供的证据存在明显瑕疵，难以认定其完成了举证责任，故二审法院向保险公司释明其可以申请就保险合同和《投保人声明》

中李晓亮的签字是否是本人所签进行鉴定，但保险公司经考虑后放弃申请鉴定。因此，二审法院认为仅依据保险合同和《投保人声明》，不能认定保险公司就保险合同中的免责条款向李晓亮履行了提示义务和说明义务，该免责条款不发生效力，改判租车费由保险公司负责赔偿。

知识拓展

《保险法》关于保险公司提示义务、说明义务的规定，是以传统面对面的保险合同订立方式为规制模型。但随着新型商务模式的不断兴起，以网络、电话等方式订立的保险合同数量不断增多，那么在此类合同中，如何确保保险公司充分履行提示、说明义务，如何保护投保人的合法权益则成为新的问题。《保险法司法解释二》第十二条规定：通过网络、电话等方式订立的保险合同，保险人以网页、音频、视频等形式对免除保险人责任条款予以提示和明确说明的，人民法院可以认定其履行了提示和明确说明义务。以下两则案例，可以反映新的销售模式下保险公司正确履行提示义务和说明义务的合理方式，值得大家关注了解。

1. 案例一

刘芸系张峰之妻，张小风为张峰之子。张峰通过网络在某保险公司购买团体意外伤害保险。保险条款中免责条款第五项约定被保险人无有效驾驶执照驾驶机动交通工具等导致被保险人身故，保险公司不承担给付保险金责任等内容。保单签订时，张峰依照合同约定，向保险公司交付保险费 100 元。某日，张峰操作手扶拖拉机被李某驾驶的中型普通货车同向行驶撞向手扶拖拉机尾部，张峰当场死亡，手扶拖拉机损坏。公安交警大队现场勘察认定："该事故因李某驾车行驶时未与前面手扶拖拉机保持安全车距，李某负事故主要责任，张峰无证驾驶负事故次要责任。"嗣后，作为张峰的继承人，刘芸、张小风持相应理赔资料要求保险公司依照保单支付保险金遭拒，诉至法院。

另查明，张峰是通过网络投保该保险。保险公司递交了电脑网页的操作程序，即在购买卡单后进行网络激活时的初始页面为投保申明，该页显示阅读无异议、同意该条款之内容，点击“同意”后，才能进行下一道订单程序，否则无法继续操作。

法院审理认为，本案中的意外伤害电子保单属于格式合同，张峰投保时，系通过网络投保，保险公司所设计的网络中并未主动提供保险条款，故应认为其未向投保人提供保险条款，亦未向投保人履行提示和说明义务，该条款中关于无照驾驶属于免责范围的内容不产生效力。

2. 案例二

戴铁军购买了一张意外险自助保险卡，并由向其出售该卡的保险代理公司代为激活，保险期限一年。半年后戴铁军驾驶未年检的二轮摩托车与停在路边的手扶拖拉机发生追尾相撞事故死亡。交警大队出具的交通事故认定书载明：“戴铁军驾驶逾期未接受定期安全技术检验的二轮摩托车上路……认定戴铁军负事故主要责任。”交通事故车辆技术检验报告结果为“制动效果无法检验”。戴铁军继承人向被告索赔未果，遂诉至法院，请求判令被告赔偿保险金 7 万元。

自助保险卡正面印制的内容有：一般意外伤害保险金额最高 7 万元，保费 100 元等；该卡背面和随卡交付的产品说明手册都载有投保流程；保险公司通过其网站上的网页设置，在激活保险卡过程中，对包括投保须知、保障责任、保险条款等内容进行说明，且对保险人免责条款有区别于一般保险条款的特别说明形式。激活过程中，投保人须先阅读保险条款等内容，并在投保声明页面中“1. 本人认可并接受网上投保方式，愿以此种方式与保险公司签订保险合同；2. 本人已详细阅读投保须知和保险条款，对各项保险责任和除外责任均已了解并同意”的提示内容下方，点击“同意”并“确定”后，才能进入后续的激活程序，否则不能激活自助保险卡，无法形成电子保单。

法院经审理认为，自助卡式电子保单，是一种新型的保险合同缔结形式。这种完全电子化的保险业务，没有传统保险合同订立过程中签订书面投保单的程序。如再要求保险人以传统的方法印制书面的投保单去让投保人签字来完成对保险条款的明确说明义务，显然与自助保险卡这种新型简易保险产品本身的特征不符。保险人已经通过其网站上的程序设置，在投保人激活自助保险卡的流程中，向投保人履行了上述保险人免责条款的明确说明义务。据此，判决驳回戴铁军的诉讼请求。

普法提示

随着社会经济的不断发展，汽车的普及度不断提高，汽车保险的市场规模也不断扩大。但很多人在拥有汽车后，对车辆保险却不甚了解，“交了保费保险公司为什么不赔”成为法庭上最常见的问题。因此，为了避免理赔时出现纠纷，在购买车辆保险时有以下几个问题需要注意：

（一）没有“全险”

在法庭上，经常有当事人说自己买的是“全险”，言外之意是所有的损失都应该由保险公司赔偿。但事实上，所有的保险公司都没有“全险”这一险种，而所谓的全险只是若干常见的险种搭配的组合。因此，依据保险合同属于保险公司免赔范围的损失，即使买了“全险”保险公司也是不赔的。

（二）仔细阅读保险合同

车辆保险的险种很多，免责条件也各不相同，因此在购买车辆保险时，要仔细阅读保险合同，尤其是保险合同中的免责条款。如果不理解条款的内容，不清楚专业术语含义的，一定要询问保险销售人员，以免在日后理赔时因双方对于合同约定内容出现认识偏差而产生纠纷。

（三）及时维护合法权益

投保人在购买车险时，应注意保管好保险单、保险合同以及相关合同附件，同时注意保留、固定保险公司是否就免责条款履行提示义务和说明义务的证据。发生交通事故后，如果在向保险公司理赔过程中就赔偿范围、赔偿标准产生争议，可向法院提起诉讼解决纠纷。

案例二

用自家机动车搬运家具属于商业三者险中改变车辆使用性质吗？

毕凤敏[①]

案情回顾

一天下午，陈某利用国庆假期驾驶自家小型面包车搬家，在行驶至黄亦路与顺新路交叉路口时，陈某驾驶的小型面包车与王某驾驶的三轮摩托车（无号牌，后乘刘某）相撞，造成乘车人刘某受伤，同时造成车辆不同程度损坏。陈某是涉案小型面包车的所有人，车辆在保险公司投保了交强险以及100万元商业三者险（含不计免赔），事发时陈某称驾驶小型面包车搬运自家衣柜，本次事故发生在保险期间内。王某是涉案三轮摩托车的所有人，涉案三轮摩托车未按规定登记，其在未依法取得机动车驾驶证的情况下驾驶三轮摩托车上路行驶。但由于无法查证双方刚进入路口时交通信号灯的状态导致无法查清事故成因，道路交通管理部门出具了相关道路交通事故证明。

事发后，刘某被送往医院就诊，住院时间26天，被诊断为右股骨干骨折，创伤性颅内出血。后受刘某委托，北京某司法鉴定所于2019年5月31日作出司法鉴定意见书，鉴定意见为："被鉴定人刘某的右侧股骨中下段骨折，现遗留右膝关节功能丧失未达25%，故其不构成伤残等级；建议其护理期60—120日，营养期60—90日。"因交通事故的赔偿问题双方协商未能达成一致，刘某诉至法院要求陈某与王某根据各自过错赔偿其医疗费、住院伙食补助费、营养费、护理费等各项损失，并要求保险公司在保险限额内承担保险赔偿责任。

王某辩称，同意按照其与陈某的过错程度承担刘某的合理损失，但主张

① 北京市第二中级人民法院法官助理。

其存在肢体三级残疾，所驾驶三轮摩托车属于残疾人车辆，不存在无证驾驶行为。陈某辩称，同意赔偿刘某因本次交通事故造成的合理损失，但其为涉案小型面包车投保了交强险及 100 万元商业三者险，因此本次交通事故造成的各项合理损失应由保险公司予以赔偿。保险公司辩称，同意在交强险项下赔偿刘某的合理损失，但不同意在商业三者险项下承担保险责任。陈某在为涉案小型面包车投保时，明确写明车辆使用性质为家庭自用汽车，事发时其驾驶涉案小型面包车载货，构成改变车辆使用性质的行为，属于商业三者险的免赔范围，且保险公司已在陈某投保时就商业三者险的免赔条款向陈某履行了告知说明义务，因此保险公司不应在商业三者险项下承担保险责任。

一审法院经审理认为，关于本次事故的责任划分，本次事故发生在机动车之间，而刘某因陈某与王某的本次事故受伤。虽陈某与王某均存在一定程度的交通违法行为，但对于双方进入路口时交通信号灯状态无法查证，道路交通管理部门最终无法认定本次事故中双方的责任，且本案中双方均未提供相应证据，因此难以确定陈某与王某在本次交通事故中的责任大小，应由双方平均承担赔偿责任，即陈某与王某各自承担 50% 的赔偿责任。关于保险公司保险责任的问题，虽本次事故中涉案小型面包车存在违规载货行为，改变了车辆用途，但保险公司未能提交有效证据证实该改变使用性质会导致“危险程度显著增加”。即便构成，保险公司提交的保险条款中仅就免责条款进行字体加黑，未能达到足够提示的程度，故该条款对陈某不产生效力，保险公司应当在商业三者险限额内继续承担赔偿责任。综上，一审法院判决保险公司在交强险项下承担赔偿责任，不足部分，由王某及保险公司在商业三者险项下各自承担 50% 的赔偿责任。一审判决作出后，保险公司不服，上诉至二审法院，坚持主张已向陈某告知说明商业三者险的免责条款，陈某改变车辆使用性质的行为属于商业三者险免责情形，保险公司不应在商业三者险项下承担保险责任。

二审法院经审理查明，保险公司提交的投保人声明中明确载明：“保险人已通过上述书面形式向本人详细介绍并提供了投保险种所适用的条款，并对其中免除保险人责任的条款向本人做了书面说明，本人已充分理解并接受上述内容，同意以此作为订立保险合同的依据。本人确认收到条款即《机动车综合商业保险免责事项说明书》。”此外，手写部分载明：“保险人已明确说明免除保险人责任条款的内容及法律后果。”投保人签章处签有陈某姓名。对此，陈某称认可上述手写部分及签名是其本人所写，但主张保险公司未向其说明商业三者险免责条款的内容，其亦未详细阅读商业三者险免责条款的内容。

二审法院经审理认为，关于陈某与保险公司的争议问题，首先应确定关于商业三者险免责条款是否生效。根据保险公司提交的投保人声明及机动车商业三者险条款，保险公司以加黑字体在保险合同中提示责任免除条款并以单独书面的投保人声明说明免责条款的内容及法律后果，陈某对此予以签字确认，因此保险公司已对商业三者险免责条款履行提示说明义务，该免责条款产生效力。在免责条款生效的前提下，应进一步认定陈某行为是否适用免责条款。根据陈某的投保单载明，涉案小型面包车属于家庭自用汽车。陈某称事发时其因搬家拉了一个衣柜，但还是在家庭自用的范围内。一般而言，保险公司在承保时需要投保人如实告知车辆性质，系因不同车辆性质可能导致发生交通事故的风险不同，车辆的危险程度不同。本案中，涉案小型面包车属于家庭自用汽车，在事发时并未从事其他客运或货运等营运类运输业务。现陈某主张为搬家载运衣柜，保险公司未提交充分证据证明陈某从事运营类运输业务，亦未证明陈某的行为导致车辆危险程度显著增加，因此陈某之行为不构成改变车辆使用性质导致车辆危险程度显著增加之免赔情形，即保险公司仍需在商业三者险项下承担保险责任。

法理分析

在机动车交通事故责任纠纷案件中，主要涉及责任划分及损失认定，本案中主要涉及两个层面的责任划分：第一个层面为陈某与王某作为本次交通事故中侵权人之间的责任划分，即各自应承担何种责任，其中涉及有无责任的判断以及全部责任、主要责任、次要责任、同等责任的认定。第二个层面为陈某作为投保人与保险公司作为承保人之间的责任承担，即保险公司在交强险与商业三者险项下如何承担责任以及如何免除责任。

（一）机动车交通事故中侵权人之间责任划分

关于第一个层面的责任划分，作为侵权案件，机动车交通事故责任纠纷案件的基本归责原则体现在《民法典》侵权责任编第一章一般规定的相应条款中。在本案中，交通事故中王某与陈某发生交通事故，造成刘某受伤，但因无法查证双方进入路口时道路交通信号灯的状态而无法认定双方的责任。根据《民法典》第一千一百七十二条规定，二人以上分别实施侵权行为造成同一损害，能够确定责任大小的，各自承担相应的责任；难以确定责任大小的，平均承担责任。因此，一审法院认定由双方平均承担责任符合我国侵权责任法对此情形的一般归责原则。

此外，根据《民法典》第一千二百零八条规定，机动车发生交通事故造成损害的，依照道路交通安全法律和本法的有关规定承担赔偿责任。因此，在机动车交通事故责任纠纷案件中确定责任时，亦应遵循特别法优先于一般法的原则。机动车之间发生交通事故适用过错原则，按照各自过错比例承担责任；机动车与非机动车驾驶人及行人之间发生交通事故，按照无过错原则由机动车一方承担责任，如非机动车驾驶人、行人存在过错，可以根据过错程度适当减轻机动车一方责任，如机动车一方无过错，承担不超过10%的赔偿责任；交通事故的损失是由非机动车驾驶人、行人故意碰撞机动车造成的（如我们常说的“碰瓷”行为或者其他自杀、自残行为），机动车一方不承担责任。我国对机动车之间的交通事故适用过错责任原则，对机动车与非机动车驾驶人、行人之间的交通事故适用无过错原则，同时将非机动车驾驶人、行人的故意或重大过失认定为机动车一方免除或减轻责任的事由。

（二）机动车交通事故中侵权人与保险公司之间的责任承担

在侵权人之间划分责任之后，属于机动车一方的责任会因其投保相应机动车保险的情况，确定侵权人与保险公司之间责任承担次序。根据《最高人民法院关于审理道路交通事故损害赔偿案件适用法律若干问题的解释》第十六条规定，同时投保交强险和商业三者险的机动车发生交通事故造成损害，当事人同时起诉侵权人和保险公司的，人民法院应当按照下列规则确定赔偿责任：先由承保交强险的保险公司在责任限额范围内予以赔偿；不足部分由承保商业三者险的保险公司根据保险合同予以赔偿；仍有不足的，依照道路交通安全法和侵权责任法的相关规定由侵权人予以赔偿。上述司法解释规定了交强险、商业三者险和侵权人的赔偿次序。

目前，我国实行机动车第三者责任强制保险制度，即国家强制要求所有机动车投保交强险，发生交通事故造成第三人（不包括本车人员和被保险人）的人身伤亡、财产损失，由保险公司在责任限额内予以赔偿，从而保障交通事故中受害人的合法权益以及分散投保人的交通风险。交强险存在投保上的强制性和理赔上的强制性，保险公司对受害人的赔偿具有法律强制性，一般而言，只要投保机动车发生交通事故造成第三人人身伤亡、财产损失，保险公司均应在交强险责任限额内予以赔偿。但事无绝对，我国《机动车交通事故责任强制保险条例》第二十一条第二款规定受害人故意造成损失，保险公司不予赔偿。第二十二条规定被保险机动车在驾驶人未取得驾驶资格的、被保险机动车被盗抢期间肇事的、被保险人故意制造交通事故等三种情形下发生交通事故，造成受害人受伤需要抢救的，保险人在医疗费用赔偿限额内垫付抢救费用并有权向致害人追偿。对受害人的财产损失，保险人不承担赔偿责任。

交强险在一定程度上分散了投保人的交通风险，但其赔偿数额毕竟有限。一旦遭遇严重交通事故，交强险的赔偿能力便显得捉襟见肘，与高昂的赔偿数额相比更是杯水车薪。因此，不少投保人会额外购买商业三者险作为交强险的补充，即在交强险限额下的不足部分，由商业三者险予以赔偿，从而进一步分散交通风险。承保商业三者险的保险公司，基于其与投保人签订的商业三者险合同承担赔偿责任，故其承担的保险责任的范围及免除责任的范围应由双方按照保险合同予以规定。目前，我国商业三者险合同为格式合同，为平衡投保人与保险公司之间的风险与利益，在认定商业三者险免责条款是否生效时，应按照我国《民法典》《保险法》及相关司法解释的规定来认定免责条款是否生效以及具体案件是否适用免责条款。

根据《保险法》第十七条第二款规定，对保险合同中免除保险人责任的条款，保险人在订立合同时应当在投保单、保险单或者其他保险凭证上作出足以引起投保人注意的提示，并对该条款的内容以书面或者口头形式向投保人作出明确说明；未作提示或者明确说明的，该条款不产生效力。根据本案证据显示，保险公司在商业三者险条款中对免责条款通过加粗加黑等方式履行提示义务，且以书面声明向投保人作出明确说明，故该免责条款已经生效。但是，该免责条款规定，被保险机动车被转让、改装、加装或改变使用性质等，被保险人、受让人未及时通知保险人，且因转让、改装、加装或改变使用性质等导致被保险机动车危险程度显著增加，由此导致的人身伤亡、财产损失和费用，保险人不负责赔偿。

本案中，为日常家庭生活而偶尔从事的搬运衣柜行为不同于将自用车辆变为运营车辆，就如我们日常采购家具自行开车搬运时无法被认定为改变了车辆使用性质，且无证据证明陈某使用被保险车辆搬运衣柜的行为使车辆危险程度显著增加。因此，虽然保险公司履行了提示说明义务，商业三者险免责条款生效，但本案陈某行为不属于免责条款中改变车辆使用性质使车辆危险程度增加之情形，故该免责条款并不生效，保险公司仍需在商业三者险项下承担赔偿责任。

知识拓展

（一）商业三者险中免除责任的格式条款

一般而言，交强险具有法律的强制性，而商业三者险则体现了双方当事人的意思自治，即投保人与保险公司根据自己真实有效的意思表示订立保险合同，故对于赔偿范围、赔偿数额、免责条款均由双方自行协商。但是，目前我国的商业三者险为格式条款。所谓格式条款是指格式条款是当事人为了重复使用而预先拟定，并在订立合同时未与对方协商的条款。就我国商业三者险而言，一般由国务院保险监督管理机构（现为中国银行保险监督管理委员会，以下简称中国银保监会）发布示范条款，各保险公司根据自身情况制定商业三者险合同并报中国银保监会批准后适用。投保人在投保商业三者险时无法要求变更具体条款内容。

（二）商业三者险免责条款的效力认定

因格式合同的特殊性，我国《民法典》对格式合同作出了合理限制，第四百九十六条规定，采用格式条款订立合同的，提供格式条款的一方应当遵循公平原则确定当事人之间的权利和义务，并采取合理的方式提请对方注意免除或者限制其责任的条款，按照对方的要求，对该条款予以说明。第四百九十七条规定，格式条款具有本法第一编第六章第三节和第五百零六条规定情形的，或者提供格式条款一方减轻其责任、加重对方责任、限制对方主要权利的，该条款无效。第四百九十八条规定，对格式条款的理解发生争议的，应当按照通常理解予以解释。对格式条款有两种以上解释的，应当作出不利于提供格式条款一方的解释。格式条款和非格式条款不一致的，应当采用非格式条款。根据上述法律规定，提供格式条款的一方需对其中免除或限制其责任的条款履行提示说明义务并在格式条款发生争议时作出不利于提供格式条款一方的解释。

具体到商业三者险，我国《保险法》也作出了与我国《民法典》相同的规定。订立保险合同，采用保险人提供的格式条款的，保险人向投保人提供的投保单应当附格式条款，保险人应当向投保人说明合同的内容。对保险合同中免除保险人责任的条款，保险人在订立合同时应当在投保单、保险单或者其他保险凭证上作出足以引起投保人注意的提示，并对该条款的内容以书面或者口头形式向投保人作出明确说明；未作提示或者明确说明的，该条款不产生效力。在本案中，保险公司在商业三者险条款中对免责部分通过加粗加黑等方式履行提示义务，且以书面声明向投保人作出明确说明，故该免责条款已经生效。

（三）机动车投保时使用性质的划分

目前，商业三者险中关于保险公司免除责任的格式条款不在少数。本案中的免责条款为被保险机动车被转让、改装、加装或改变使用性质等，被保险人、受让人未及时通知保险人，且因转让、改装、加装或改变使用性质等导致被保险机动车危险程度显著增加，由此导致的人身伤亡、财产损失和费用，保险人不负责赔偿。仔细阅读便能发现，该免责条款的适用需要两个条件：（1）被保险机动车被转让、改装、加装或改变使用性质；（2）因上述情况导致被保险机动车危险程度显著增加。就改变使用性质而言，投保人在投保时需要如实告知保险公司车辆性质，因不同车辆性质可能导致发生交通事故的风险不同，如家庭自用车辆与作为营业车辆的出租车、客车、货车的路上行驶频率和时间必然不同，故将家庭自用车辆变为运营车辆可能导致投保车辆危险程度显著增加，由此可能导致保费收取方面的变化等。

那么，如何区分不同车辆的使用性质呢？

原中国保险监督管理委员会发布的《机动车交通事故责任强制保险费率方案》按照车辆类型及使用性质将其分为家庭自用汽车、非营业客车、营业客车、非营业货车、营业货车、特种车、摩托车和拖拉机 8 种类型。其中，与一般社会公众较为相关的家庭自用汽车是指家庭或个人所有，且用途为非营业性的客车。营业客车或货车是指用于输运旅客 / 货物或者租赁，并以直接或间接方式收取运费或租金的客车 / 货车。非营业客车或货车是指用于输运旅客 / 货物或者租赁，但不收取运费或租金，如某些企业及机关单位用于载客或运货的车辆。本案中，陈某投保车辆为家庭自用汽车，事发时正在为日常家庭生活而搬运衣柜，此种行为与长期从事客运或货运等存在明显区别，并未改变车辆使用性质。就如我们日常采购家具自行开车搬运也无法被认定为改变了车辆使用性质，且无证据证明陈某使用被保险车辆搬运衣柜的行为使车辆危险程度显著增加，因此，即便商业三者险免责条款生效但不适用于本案。

（四）改变车辆使用性质的常见行为

目前，随着网约车的日益普及，不少人将家庭自用汽车用于营业客车或货车，比如在网约车平台注册从事客运行为，或者把家庭自用小型面包车改装后从事搬家运货行为。此种行为在为车辆驾驶人带来利益的同时，也因车辆使用性质的改变增加了车辆危险程度，如车辆投保人未将上述情况及时告知保险公司，而在从事上述营业行为中发生交通事故，则有可能导致保险公司因为投保人改变车辆使用性质导致车辆危险程度显著增加而适用商业三者险拒绝理赔。

普法提示

道路交通保险制度设立的初衷是有效分散交通风险，让个人在平时支出比较少的成本，而在遭遇交通事故时，由保险公司给付相当数额的赔偿，从而使个人应对交通事故的能力得到增强，属于一种社会救济制度。而要想这项制度充分发挥作用，那么了解其理赔范围及免责条款则至关重要。

（一）投保人应认真了解商业三者险免责条款

我们在从事相应法律行为，尤其在签署合同时，应当认真阅读合同条款，了解合同内容。特别是在投保商业三者险时，因为格式合同，投保人并未参与到商业三者险合同的拟定过程，更应对其中的免责条款予以重点关注。同时，对保险公司是否履行提示说明义务保留证据，以便在保险公司提出已经履行商业三者险免责条款的提示说明义务时，能够提交反证，更好地保护自身权益。

（二）投保人及时通知保险公司改变车辆使用性质

根据我国《保险法》订立保险合同，保险人就保险标的或者被保险人的有关情况提出询问的，投保人应当如实告知。投保人故意或者因重大过失未履行前款规定的如实告知义务，保险人可以解除合同或不承担保险责任。因此，在发生改变车辆使用性质之情形时，投保人应及时告知保险公司。

（三）保险公司尽量保留履行提示说明义务的证据

根据我国保险法及司法解释的相关规定，保险公司可以采取书面或口头形式履行提示说明义务，通过网络、电话等方式订立的保险合同，保险公司也可以通过网页、音频、视频等形式对免除保险人责任条款予以提示和明确说明。目前，很多保险公司通过电话投保和电子投保方式开展业务，很多时候保险公司无法提供履行提示说明义务的书证，此时保险公司应提高技术保障能力，通过电话录音或其他电子数据方式保留证据，在享受技术带来的便利时，也应为技术使用过程中可能存在的风险做好保障工作。

案例三

驾车驶离现场属于商业三者险免赔情形吗？

——机动车商业三者险免责条款解读

杨云霞[①]

案情回顾

一天，乔某驾驶的重型半挂牵引车与唐某驾驶的电动自行车发生交通事故，造成唐某受伤。此事故经交通支队处理，认定乔某负事故全部责任。事故发生后，唐某住院治疗 87 天。唐某经鉴定人体致残率为 10%；护理期为 90 日、营养期为 90 日。事故后，乔某所在的物流公司为唐某支付医疗费 30000 元，乔某驾驶车辆的保险公司为唐某支付医疗费 10000 元。另查明，乔某驾驶的事故车辆在保险公司投保了机动车交通事故责任强制保险及商业三者险，事故发生于保险期间内。乔某系物流公司雇佣司机，事故发生时系为公司履行职务。

事故发生后，就交通事故损害赔偿问题，各方协商未果。唐某向法院提出诉讼请求，请求判令物流公司、保险公司赔偿其医疗费、营养费、护理费、住院伙食补助费、伤残赔偿金、精神损害抚慰金、交通费、财产损失等合计 255489.56 元。

保险公司辩称，对于事故的责任认定没有异议，待核实驾驶人员的驾驶证、从业资格证等，唐某的合理损失同意在交强险内赔偿。但是驾驶人员在事故发生后有逃逸行为，故商业保险拒赔。唐某在事故发生后于当天下午才住院，与案件事故的关联性存在疑问。

物流公司辩称，对于交通事故发生的事实没有异议，事发时乔某是履行职务行为，并不存在逃逸行为，事故认定书中写明的是驶离现场而并未注明

---

① 北京市第二中级人民法院法官助理。

逃逸，其不存在逃逸行为。

一审法院经审理认为，交通管理部门认定乔某负事故全部责任符合法律规定，法院依法确认。乔某系物流公司雇佣司机，属职务行为，故赔偿责任应由物流公司负担。乔某驾驶的车辆在保险公司投保交强险及商业三者险，故应先由保险公司在交强险限额内予以赔偿，不足部分，由商业险按责赔偿。唐某的合理损失经法院根据本案证据和相关法律规定依法核算，合计金额为 184902.56 元。上述损失未超出保险公司承保限额，故由保险公司承担。物流公司为唐某支付医疗费 30000 元，保险公司为唐某支付医疗费 10000 元应从上述赔偿款中扣除，物流公司给付款应视为替保险公司垫付，应由保险公司一并返还。对保险公司称，被保险车辆驾驶员在事故发生后有逃逸行为，商业保险拒赔问题，根据事故认定书显示为驶离现场并非逃逸，且驶离现场并非事故发生的原因，法院不予采信。据此，一审法院判决：保险公司于判决生效后十日内赔偿唐某伤后损失 144902.56 元，保险公司于判决生效后十日内退还物流公司垫付款 30000 元，并驳回唐某的其他诉讼请求。

判决后，保险公司不服，提出上诉，请求依法改判其公司在商业三者险限额内不承担赔偿责任。该公司认为：首先，事故发生后乔某驾车驶离现场，交通肇事逃逸属于法律禁止行为，保险公司在商业三者险限额内不应承担赔偿责任。其次，根据保险法规定，保险公司在投保过程中已经对免责条款作出明确提示，投保人已经签字确认，保险公司尽到了提示说明义务。唐某辩称，不同意保险公司的上诉请求和理由。交通事故认定书已经认定乔某负事故全部责任，我无责任，事故原因是没有注意交通安全，乔某驶离现场，但乔某并不是逃逸，因为车辆有盲区，乔某看不到车尾。物流公司辩称，不同意保险公司的上诉请求和理由。交通事故认定书没有认定乔某是逃逸，而且是车辆右后部碰到唐某的电动车，保险公司没有理由拒赔。

二审中，唐某称，发生事故后乔某继续行驶寻求路人帮助，在路人追上乔某的车辆后，乔某才停车走回到事发地点。经二审法院与交通支队核实，交警表示乔某并未驾车逃逸。

二审法院经审理认为，本案的争议焦点为事故发生后乔某是否驾车逃逸，保险公司应否在商业三者险限额内对唐某的合理损失予以赔偿。本案中，交通事故经公安机关交通管理部门确认，乔某负事故全部责任，唐某无责任。事发时乔某系履行职务行为，故相应责任应由物流公司承担。因乔某驾驶的车辆在保险公司投保机动车交通事故责任强制保险及商业三者险，且事故发生于保险期间内，故应先由保险公司在承保范围内对唐某因案涉事故遭受的合理损失予以赔偿，不足的部分，再由物流公司赔偿。现保险公司上诉称乔某在事故发生后驾车逃逸，其公司在商业三者险限额内免赔。对此，法院认为，根据交通事故认定书记载“事故发生后乔某驾车驶离现场”，该事故认定书并未认定乔某驾车逃逸。审理过程中，唐某亦表示系在路人帮助追车的情况下，乔某才回到事发地点。且对于事故发生时的具体情况，法院向处理事故的交警进行了核实，该交警亦称乔某并非驾车逃逸。故综合考量乔某驾驶的车辆类型、车辆与唐某碰撞位置及本案现查明的事实等情况，无法认定乔某在事故发生后驾车逃逸，保险公司的前述上诉主张不能成立。关于唐某因案涉事故遭受的合理损失，一审法院依据相关票据及唐某受伤的实际情况予以确认，经询，保险公司亦认可一审法院确定的各项损失数额，故法院对此不持异议。最终判决驳回上诉，维持原判。

法理分析

社会风险无处不在，为了转嫁风险带来的经济负担，许多人选择购买保险，而保险更成为有车一族的标配，除了法律强制规定的机动车交通事故责任强制保险，为了在事故发生后获得更多救济，许多人还选择购买商业第三者责任险。但交通事故中肇事车辆驾驶人的行为定性、商业三者险的条款解读都影响着保险作用的发挥。驾车驶离现场与驾车逃逸是否等同？如不等同，二者应如何区分？保险公司提示说明义务判断标准如何？相关免责条款又应如何解读才能最大限度实现各方的最大利益？都需要一一探讨。

（一）驾车驶离现场与肇事逃逸的区分

根据相关规定，交通肇事逃逸是指发生道路交通事故后，道路交通事故当事人为逃避法律追究，驾驶车辆或者遗弃车辆逃离道路交通事故现场的行为。据此，构成交通肇事逃逸应当符合以下要件：（1）逃逸行为的主体是事故车辆的驾驶人。（2）逃逸行为是一种故意行为。这种故意的前提是驾驶人主观上知道或应当知道已经发生的交通事故，如果其不知晓交通事故发生，则属于驶离现场或无意驶离，不构成肇事逃逸。（3）肇事者逃逸的目的是逃避法律追究，即驾驶人逃离现场是为了逃离交通管理部门的控制范围，以逃避民事、刑事、行政等法律责任。（4）逃逸方式为驾车或遗弃车辆逃离事故现场。由此可以看出，肇事逃逸与驾车驶离现场的主要区别在于驾驶人当时的主观心态，若明知事故已经发生，为逃避法律责任而逃离现场属于肇事逃逸，若不知晓事故发生正常驶离，则属于驾车驶离现场。

（二）驾驶人主观心态的鉴别

人的内心意思难以探知，驾驶人主观状态鉴别存在一定困难。但主观意图可以通过客观行为表现出来，故实践中可以通过以下几方面对驾驶人的主观心态予以鉴别：

1. 事故发生时的时空环境

交通事故发生时的天气状况、亮度、路面状况、人流密集程度都可能影响驾驶人对周围环境的判断。如晴朗的白天发生事故时驾驶人更易发现，而夜晚、大雨的自然环境则会影响驾驶人的判断能力，可能导致其无法发现事故。

2. 驾驶车辆类型及接触部位

驾驶小型车辆，碰撞发生在车辆前部时，驾驶人能更快洞察车身周围情况，更易知晓事故发生。驾驶大型货车，且由货车尾部或挂车碰撞路边行人，则驾驶人不知晓发生事故的可能性较大。此外，若交通事故系碰撞或碾轧事故，事发时声音或动作较大更容易被发现，若仅是剐蹭事故，则被发现可能性稍小。

3. 驾驶人在事故发生后的行为

肇事逃逸者为了躲避法律追究，很可能改变通常行驶路线，有意识地制造假象以迷惑相关部门的调查，或事后躲避或长期不归，行为大多不符合常理。而不知晓事故发生的驾驶人，通常不会改变行驶路线，会按其原有行为习惯完成通常任务或工作。

4. 驾驶人自述及证人证言

一般情况下，肇事逃逸者在逃逸后会存在慌乱心理，其对事故发生时行驶速度、周围环境、各方采取的措施等案件细节的陈述可能存在前后矛盾或不合情理之处，而不知晓事故发生的驾驶人一般可以对案件发生的细节作出客观陈述，且合乎逻辑。此外，也可以将驾驶人自述与当事人陈述、证人证言等相互印证，由此判断其事发时的主观状态。

本案中，乔某驾驶的车辆为重型半挂牵引车，其车辆尾部与驾驶电动自行车的唐某发生碰撞。根据交通事故认定书记载“事故发生后乔某驾车驶离现场”，经法院与处理事故的交警核实，交警表示并未认定乔某驾车逃逸。且依据唐某陈述，事发后乔某继续行驶，在路人帮助追车的情况下，乔某停车回到事发地点。故综合考量乔某驾驶的车辆类型、车辆与唐某碰撞位置及查明的事实等情况，无法认定乔某事发时知晓事故发生并驾车逃逸，保险公司上诉主张依据相关保险条款免赔的理由不能成立。

知识拓展

（一）保险公司对免责条款的明确说明义务

我国《保险法》第十七条规定：“订立保险合同，采用保险人提供的格式条款的，保险人向投保人提供的投保单应当附格式条款，保险人应当向投保人说明合同的内容。对保险合同中免除保险人责任的条款，保险人在订立合同时应当在投保单、保险单或者其他保险凭证上作出足以引起投保人注意的提示，并对该条款的内容以书面或者口头形式向投保人作出明确说明；未作提示或者明确说明的，该条款不产生效力。”该条规定保险公司的说明义务分为两类，一类是保险人向投保人提供的格式条款的一般说明义务，另一类即保险人向投保人提供的格式条款中免除保险人责任的条款（即免责条款）的明确说明义务。本案所涉及的正是保险公司对于免责条款的明确说明义务。

对于免责条款的概念界定，理论界百家争鸣，实务中也存在不同理解。《最高人民法院关于适用〈中华人民共和国保险法〉若干问题的解释（二）》第九条规定，保险人提供的格式合同文本中的责任免除条款、免赔额、免赔率、比例赔付或者给付等免除或者减轻保险人责任的条款，可以认定为保险法第十七条第二款规定的“免除保险人责任的条款”。保险人因投保人、被保险人违反法定或者约定义务，享有解除合同权利的条款，不属于保险法第十七条第二款规定的“免除保险人责任的条款”。狭义的免责条款指保险合同中完全免除保险人责任的条款，而广义的免责条款还包括限制保险人责任的条款。

依据法律及相关司法解释的规定，保险公司对免责条款明确说明义务可以从以下几点理解：（1）明确说明义务的履行主体是保险人。（2）明确说明义务的履行时间是签订保险合同时，即双方正式签订保险合同之前由保险公司向投保人履行该义务。（3）明确说明义务的履行方式为在投保单或其他凭证上，用特别的文字、字体、符合等显著标志作出提示，义务的履行可以是书面或是口头方式。（4）保险公司未对免责条款履行明确说明义务的法律后果是免责条款不产生效力，保险公司仍需承担保险责任。需要说明的是，主流观点认为，判断保险人是否履行明确说明义务不以保险人的主观过错为要件，只要保险人在客观上违反前述说明义务，均产生未履行说明义务的法律后果。

（二）免责条款的解释

本案中，保险公司援引保险合同中的商业三者险责任免除条款，认为乔某在事故发生后有逃逸行为，进而主张保险公司应免赔。依据保险合同，相关保险条款为："在上述保险责任范围内，下列情况下，不论任何原因造成的人身伤亡、财产损失和费用，保险人均不负责赔偿：（一）事故发生后，被保险人或其允许的驾驶人故意破坏、伪造现场、毁灭证据；（二）驾驶人有下列情形之一者：1. 事故发生后，在未依法采取措施的情况下驾驶被保险机动车或者遗弃被保险机动车离开事故现场……"依据该条款，驾驶人在未依法采取措施的情况下驾驶被保险机动车或者遗弃被保险人机动车离开事故现场时，保险人不负责赔偿。但该条款应适用于肇事逃逸情形抑或无意驾车驶离现场情形，需作出进一步解释。

从格式条款的解释角度来讲，格式条款系一方当事人制定，其内容未经过双方当事人具体协商，故在解释时应采用客观解释的原则，寻求条款客观、合理的解释。同样，实践中，保险合同中的免责条款是由保险公司单方提供的格式条款，在确定该条款效力时，除了考察保险公司是否履行明确说明义务外，还应当结合实际情况予以解释，防止保险公司利用自身优势地位订立霸王条款。本案中，保险公司的免责条款中约定的免赔情形为事故发生后驾驶人在未依法采取措施的情况下驾车离开事故现场，通常而言，只有知晓事故发生才能进一步采取相关措施，若驾驶人根本不知晓交通事故发生，则依法采取措施无从谈起。因此，该免责条款的适用范围应排除驾驶人无意驾车驶离现场的情形。

此外，从保险的功能和作用角度来讲，保险是最传统的风险管理方法之一，投保人通过购买保险来分散意外风险或事故造成的经济负担。同理，机动车商业第三者责任险并非国家强制购买的险种，驾驶人之所以选择购买该保险，就是为了面对未知风险时实现负担分摊。如果此时仍要求投保人对未知的交通事故承担责任，则有悖于其购买保险的初衷。由此可知，前述免责条款的适用也不应包含不知晓事故而驾车驶离现场的情形。

普法提示

随着人民风险意识和维权意识的不断提高，保险已成为各家各户出行必备，事故发生后，保险公司也成为许多家庭在危急时刻的救命稻草，然而在投保时稍有疏忽将可能导致投保人愿望落空、风险自担。为了使保险更好地发挥其应有作用，投保人、保险公司应各司其职，共同促进整个社会的进步与发展，在此作以下提示：

一方面，驾驶人应当遵守交通法律法规，树立安全驾驶理念，提高安全意识。时刻注意观察周围路况，遇人流密集道路时，应缓慢行驶。发生事故后勇于承担责任，不消极不逃避，保护现场并及时告知保险公司相关情况，做到及时止损，及时拨打110及120并积极配合相关部门的调查。同时，定期进行车辆年检并购买保险。驾驶人应到正规场所，在咨询了解相关情况后购买适合自己的险种，购买保险时应当仔细阅读保险合同的内容，确保签订保险合同时知晓相应法律后果。在权利受到侵害时，学会理性沟通，必要时运用法律武器维护自身合法权益。

另一方面，保险公司应进一步规范各项保险业务，承担应有的社会责任。当今社会，保险公司不仅是单纯的营利性企业，更关系着千家万户的幸福甚至整个社会的安定。保险公司应当摆正自身定位，承担起应有的社会责任，在订立相关保险条款时不得利用自身的技术、信息等方面的优势地位侵害投保人的合法权益，应做到合理确定保险条款内容。在投保人订立合同时，按照法律规定对相关条款予以解释说明，确保投保人知晓签订保险合同的法律后果。如今网络技术发展迅速，网上投保、电话投保已不鲜见，此时保险公司更应及时完善新形式投保的流程及规范，确保说明义务得到充分履行。

案例四

驾驶证被暂扣，保险公司能在交强险范围内免责吗？

张科[①]

案情回顾

苗甲驾驶小客车在路边停车开门时将骑电动车的王丙撞倒在地，造成王丙受伤。王丙被送至医院住院治疗 29 天，交通管理部门认定苗甲负事故的全部责任。后经鉴定王丙的伤势构成九级伤残。A 保险公司为苗某驾驶的小客车承保了机动车交通事故责任强制保险（以下简称交强险）和 30 万元商业三者险。苗甲本人曾取得驾驶证，后被公安交通管理部门暂扣，事故发生一年后，苗甲缴纳相应罚款，取回了驾驶证。王丙诉至法院请求判令苗甲与 A 保险公司赔偿其各项损失共计 40 余万元。

A 保险公司辩称，根据查明的事实，事故发生时苗甲的驾驶证被暂扣，属于无证驾驶，根据《机动车交通事故责任强制保险条例》（以下简称《交强险条例》）的规定以及商业三者险保险合同的约定，保险公司不应当承担任何保险责任。

一审法院经审理认为，苗甲未注意周边情况，将车门打开，造成路过此地的王丙被车门撞伤，苗甲应承担全部赔偿责任。鉴于案涉小客车在 A 保险公司投保了机动车交强险，故 A 保险公司对王丙的合理损失应在交强险限额内先行赔偿，因事故发生时苗甲驾驶证被暂扣，根据双方合同约定，A 保险公司在商业险项下不予赔偿，超出交强险限额的费用由苗甲赔偿。据此，一审法院判决由 A 保险公司在交强险限额内赔偿王丙的损失 112000 元，剩余损失由苗甲承担赔偿责任。

---

① 北京市第二中级人民法院法官助理。

一审判决后，A 保险公司不服上诉至二审法院，主张苗甲在驾驶证被暂扣期间继续驾车应当视为无证驾驶，符合《交强险条例》第二十二条中驾驶人未取得驾驶资格，保险公司在交强险责任限额范围内垫付抢救费用，并有权向致害人追偿的规定，并要求二审改判其在交强险范围内不承担赔偿责任。

二审法院经审理后驳回了 A 保险公司的上诉。

法理分析

（一）驾驶证暂扣不属于“未取得驾驶资格”的范围

对于驾驶人的驾驶证被暂扣是否属于“未取得驾驶资格”实际中存在两种不同观点：一种观点认为，《道路交通安全法实施条例》第二十八条规定，机动车驾驶人在机动车驾驶证被依法扣留、暂扣期间不得驾驶机动车，该条属禁止性规定，即驾驶人在机动车驾驶证被依法暂扣期间丧失了驾驶机动车的资格，其效果等同于未取得驾驶资格。另一种观点认为，驾驶证被扣留期间，驾驶人的驾驶资格虽受限制，但是资格受限并非等同于资格的丧失或未取得相应资格，不应视为未取得驾驶资格。

我们认为第二种观点更为可取，《交强险条例》第二十二条规定中“驾驶人未取得驾驶资格”与“驾驶人无驾驶资格”在文字上存在明显差异，在字面含义上亦存有差异，不能简单等同适用。《机动车交通事故责任强制保险条例释义》一书中就明确指出，“未取得驾驶资格”包括：（1）无驾驶证，包括驾驶人不符合驾驶条件或者驾驶技术达不到规定要求，未取得驾驶证；未通过正常的学习、考核或者通过其他非法渠道获得驾驶证；伪造、变造驾驶证或驾驶证被依法吊销。（2）驾驶车辆与准驾车型不符。从这一点来说，“驾驶证被暂扣”不属于上述条例规定的“驾驶人未取得驾驶资格”范畴。《交强险条例》第二十二条之目的在于通过规定某些情形下驾驶人赔偿责任的增加从而督促驾驶人不得为上述之行为，该条第一款将驾驶人未取得驾驶资格与驾驶人醉酒并列作出规定，而众所周知驾驶人醉酒会导致车辆行驶安全已经无法保障，严重增加发生交通事故的危险性，因此对于是否构成“未取得驾驶资格”应考量驾驶人的驾驶能力对于车辆行驶安全的影响。而暂扣驾驶证仅是对驾驶人的道路交通安全违法行为的一种行政处罚，与驾驶人的驾驶能力没有必然联系，其驾驶能力通常并无减损，亦不会对车辆行驶安全造成不良影响，且驾驶证被暂扣通常并非事故发生的原因，至少不是近因。因此驾驶证被暂扣不应与“驾驶人未取得驾驶资格”相提并论。

（二）违反行政法中的禁止性规定不影响交强险赔付

从法理来讲，禁止性规范若未明确规定保险人可以免责，则不宜扩大该规范的后果。《道路交通安全法》和《道路交通安全法实施条例》规定，驾驶证暂扣期间不得驾车并应受到相应的行政处罚，但并未规定其他法律后果，因此不能想当然地将驾驶证暂扣等同于无证驾驶从而让当事人承担其他法律上的不利益。《交强险条例》第二十二条中规定了交强险追偿权，对于可以适用之情形作了明确的列明，但未规定行为人违反法律的其他禁止性规定时保险人可以追偿的兜底条款，不应随意进行扩张。

同时，违反行政法的禁止性规定与民事责任的承担是两个法律关系，不能以当事人应当承担行政法上的责任为依据，进而推出其应当承担保险法上的不利益风险。行政法和保险法有不同的立法目的和价值，被保险人在驾驶证暂扣期间驾车固应接受行政处罚，但这并不意味着保险人可以向被保险人免责并具有追偿权。

（三）驾驶证暂扣不能成为保险公司在交强险范围内的免责事由

如前所述，驾驶证被暂扣不属于“未取得驾驶资格”的范畴，那么在交强险合同并未就此作出明确约定的情况下，因交强险合同系保险公司提供的格式合同，根据《保险法》第三十条“采用保险人提供的格式条款订立的保险合同，保险人与投保人、被保险人或者受益人对合同条款有争议的，应当按照通常理解予以解释。对合同条款有两种以上解释的，人民法院或者仲裁机构应当作出有利于被保险人和受益人的解释”的规定，此时应作出有利于被保险人和受益人的解释，同时考虑到《交强险条例》对机动车交通事故责任强制保险设立的宗旨在于保护交通事故受害人的利益，故在法律未明确将保险公司仅承担垫付责任的范围扩大到驾驶证被暂扣的情形下，保险公司仍应在机动车交通事故责任强制保险范围内对受害人依法予以赔偿。

知识拓展

（一）法律解释

法律解释方法是法理学的一个范畴，是指在法律适用过程中出现的法律含义的解释问题。法律的解释是从抽象的、不具体的条文到适用于个案中具体、确定的事实的必经环节。法律的解释方法有很多，一般来说存在文义解释、系统解释、目的解释三种基本方法，随着法律理论的发展又有了社会学解释、经济学解释等方法。其中文义解释是法律解释的最基本方法，文义解释优先是法律解释的基本原则，即在解释法律时应首先考虑法律规范中词语的常义。

（二）格式条款

格式条款的产生和发展是20世纪合同法发展的重要标志之一，它改变了传统的订约方式，有效地提高了经济效率，但同时也对合同自由原则形成了巨大的挑战。《民法典》合同编对格式条款问题进行了详细的规定，《保险法》更是对保险合同中格式条款的具体解释和适用进行了详尽规范。

1. 格式条款的定义

《民法典》第四百九十六条第一款规定，格式条款是当事人为了重复使用而预先拟定，并在订立合同时未与对方协商的条款。格式条款的主要特点在于未与对方协商。

2. 保险合同中格式条款的解释

《保险法》第三十条规定，采用保险人提供的格式条款订立的保险合同，保险人与投保人、被保险人或者受益人对合同条款有争议的，应当按照通常理解予以解释。对合同条款有两种以上解释的，人民法院或者仲裁机构应当作出有利于被保险人和受益人的解释。该条是保险合同的解释规则，特别增加了疑义利益解释的规则适用，确立了“通常解释”与“不利解释”两个层次。所谓“通常解释”，一般是指以可能订约者的平均的、合理的理解对格式内容进行解释。所谓“不利解释”，是指如果合同条款能够合理地作出一种以上的解释，那么法院将采用不利于该条款拟定方，而利于接收方的解释。

（三）保险合同免责条款的说明提示

《保险法》第十七条规定：“订立保险合同，采用保险人提供的格式条款的，保险人向投保人提供的投保单应当附格式条款，保险人应当向投保人说明合同的内容。对保险合同中免除保险人责任的条款，保险人在订立合同时应当在投保单、保险单或者其他保险凭证上作出足以引起投保人注意的提示，并对该条款的内容以书面或者口头形式向投保人作出明确说明；未作提示或者明确说明的，该条款不产生效力。”

免责条款生效与否在于保险公司是否尽到了明确提示说明义务，其关键在于免责条款说明的判断标准问题，保险人所进行的说明提示行为必须达到使得具有一般知识的人对其提供的免责条款的内容和含义充分理解的程度。

（四）保险合同的社会公共利益性

社会公共利益原则是我国保险法领域的重要原则，《保险法》第一条规定，为了规范保险活动，保护保险活动当事人的合法权益，加强对保险业的监督管理，维护社会经济秩序和社会公共利益，促进保险事业的健康发展，制定本法，第四条规定，从事保险活动必须遵守法律、行政法规，尊重社会公德，不得损害社会公共利益，上述条款将社会公共利益从投保人和保险人订立保险合同的原则上升至立法宗旨以及从事保险活动的基本原则之一。因此，对于保险条款而言，应以社会公共利益原则作为判断其效力的依据。

在本案审理中，也有观点认为在此情况下如果判决保险公司在交强险内承担赔偿责任则相当于变相鼓励驾驶证暂扣期间驾驶，有违公共利益。如前所述，无证驾驶不包括驾驶证被暂扣，对于驾驶证被暂扣的驾驶人来说，其已经合法取得了驾驶资格，而驾驶证被暂扣期满后其可通过合法途径取回，这与无驾驶资格完全不同，危害公共利益的可能性是微乎其微的；若在驾驶证暂扣时赋予保险人免责及保险追偿权，则更多地保障的其实是保险人的利益，而保险人的利益显然不是公共利益，只是其所应当承担的商业风险而已。

普法提示

虽然在本案中驾驶员“驾驶证被暂扣”发生交通事故后，法院判决保险公司承担了交强险责任，但是也应该看到在这种情况下保险公司在商业三者险项下免赔，由驾驶人承担了这部分赔偿责任。

《道路交通安全法》规定，驾驶机动车，应当依法取得机动车驾驶证，驾驶人应当按照驾驶证载明的准驾车型驾驶机动车；公安机关交通管理部门依照法律、行政法规的规定，定期对机动车驾驶证实施审验。因此也提醒广大驾驶员在驾车时应该“证车相符”，而且要注意自己的驾驶证审验情况，在驾驶证被暂扣或者被注销时不要驾驶机动车出行。

案例五

“车上人员”与“第三者”的身份区别是什么？

杨一树[1]

案情回顾

一天早上，程嘉霞与女儿要出门办事，从滴滴平台预约了快车。当司机驾驶快车到达指定地点后，女儿首先从右侧上车，然后程嘉霞从左侧上车。就在程嘉霞的右腿刚迈上车，左腿还在地上的时候，司机误以为乘客已经全部上车，突然启动车辆，程嘉霞失去重心摔倒在地，导致左髌骨骨折，后被诊断为十级伤残。车辆在保险公司投保有机动车交通事故强制责任保险（以下简称交强险）和机动车第三者责任商业险（以下简称商业三者险）。双方因与保险公司未能协商一致诉至法院。

保险公司认为，本次事故属于乘客在上下车时发生的交通事故，程嘉霞属于车上乘客，并非第三者，因此交强险和商业三者险都不予赔偿。《机动车交通事故责任强制保险条款》第五条规定，交强险合同中的受害人是指因被保险机动车发生交通事故遭受人身伤亡或者财产损失的人，但不包括被保险机动车本车车上人员、被保险人。《中国保险行业协会机动车综合商业保险示范条款》第三条规定，本保险合同中的第三者是指因被保险机动车发生意外事故遭受人身伤亡或财产损失的，但不包括被保险机动车本车车上人员、被保险人，第四条规定，本保险合同中的车上人员是指发生意外事故的瞬间，在被保险机动车车体内或车体上的人员，包括正在上下车人员。

程嘉霞和司机认为，程嘉霞的身份虽然是乘客，但是事故发生的时候程嘉霞还没有上车，仍然属于“第三者”，应当由保险公司进行赔偿。

法院经审理认为，本次事故发生时，司机驾驶的车辆由保险公司承保交

---

① 北京市第二中级人民法院法官助理。

强险，故应当首先由保险公司在交强险限额内对程嘉霞的合理损失予以赔偿。根据程嘉霞与司机的当庭陈述，此次事故发生时程嘉霞尚未完全进入车辆，非车上人员，故对保险公司的意见不予采纳。本案的主要争议焦点是在事故发生时程嘉霞属于车外人员还是车上人员的问题。车上人员是指保险事故发生瞬间位于机动车驾驶室或车厢内的人员。根据双方认可的事实，程嘉霞在车辆启动时尚未完成上车动作，此时由于司机的不当操作导致程嘉霞被启动的车辆带倒受伤，因此认定程嘉霞非车上人员符合客观事实。

法理分析

《机动车交通事故责任强制保险条例》中规定，交强险是由保险公司对被保险机动车发生道路交通事故造成本车人员、被保险人以外的受害人的人身伤亡、财产损失，在责任限额内予以赔偿的强制性责任保险。商业三者险的保险条款中也规定，第三者是被保车辆发生事故导致财产损失或者人身受到伤亡的人，但是被保险车辆上的车上人员及投保人、被保人、保险人都不算在其中。

从上述规定能够看出，不管是交强险还是商业三者险，都将“车上人员”排除在承保范围之外，其承保风险仅限于机动车运行的“外部风险”。但就是因为这种文字表述使得在某些情形下第三者与车上人员可能存在交叉转化。而认定身份对日后理赔产生的差距非常之大，所以这正是造成车上人员与第三者身份认定争议的法律根源。

（一）保险的社会功能

为什么区分本车人员、被保险人和第三者的身份？为什么交强险和商业三者险的赔偿对象要明确排除本车人员及被保险人？要解释这两个问题，就要对保险的社会功能进行分析。

保险的一项主要功能是经济补偿或给付的功能，它促使保险基金进行社会再次分配，同时为社会的发展和人们的生活提供经济保障，从而维护经济社会稳定发展。保险作为一项商品，它的费率和保额都是在大量数据统计的基础上，对整个过程的风险和损失进行评估后制定的。如果被保险人乱用保险权利，保险公司将会出现经营问题，保险本身的功能将无法实现，因此保险的设计者合理地考虑了风险和损失后才制定了相应规则。

交强险，作为一种以国家强制力保障实施的保险制度，它的设立是出于社会各方面的考虑，其主要目的是保障受害人在交通事故发生后能够及时得到相应的理赔。交强险本身带有公益性质，它的保护群体是广大群众。但对整个社会而言，要注重对受害人和保险人利益保护的平衡，否则可能会造成多数人的利益受到损失。

至于商业三者险，商业三者险作为强制三者险的有益补充，本身就更应该考虑其商业因素，虽然这种做法在客观上有利于对受害人的个人权益进行维护，但是投保商业险本身就是一种商业行为。因此商业三者险对于“第三者”的范围限制就更可以由双方当事人来决定。将商业三者险与车上人员险区分开来、分别定价，是目前保险公司的通行做法，车主可以根据自己车辆的使用情况自由选择不同类型的保险组合，实现风险与收益的平衡。

若想要将保障范围扩展到车上人员，则可以考虑投保车上人员险。投保车上人员险后，若被保险人或其允许的合法驾驶人在使用被保险机动车过程中发生意外事故，致使车上人员遭受人身伤亡，依法应当由被保险人承担的损害赔偿责任，保险人依照保险合同的约定负责赔偿。通常而言，车上人员险的保费较低，保额也相对较低，这是由于车上人员责任险设立的目标在于赔偿交通事故中被保险机动车本车人员的伤亡或者损失。

在立法之时，针对交通事故中车上人员和车下人员的利益保护就作了分别处理的规定，即将车上人员的赔偿和保护责任和“第三者”的赔偿方式分开。主要原因有以下三点：

第一，车上人员处于强者地位。相较于车下人员而言，车上人员与机动车的关系更为紧密，因为它们二者本身就是一个整体。在机动车事故中，车上人员能更清楚、快速地预测意外和危险的发生，这使得在交通事故中车上人员处于一个更具优势的地位。

第二，保险事故中，本车人员因本车造成损害的后果往往较轻，而且出现车上人员被本车甩出车外或被再次碾轧的情况也是少之甚少。

第三，车上人员具有多重保障。对于乘客的交通安全保障，2004 年实施的《道路运输条例》中对客运保险作了规定，客运车辆无论出于何种情况，都必须承担购买责任险的义务。这一做法实际上是针对乘客在乘车过程中可能会出现的危险和意外进行合理保障。在乘车过程中，车上人员能够利用和机动车承运者之间签订的运输合同关系要求赔偿，车上人员系有偿的乘客，如出租车的付费乘客、公交车的付费乘客，可以要求按照违约责任来赔偿。可基于《消费者权益保护法》第四十八条规定来主张权利。当乘车人员在乘车过程中既未交纳承运费用，也未进行责任投保时，那么可以通过侵权法的有关规定来作为车上人员的权益保护依据。

（二）车上人员与第三者的界定

在司法实践中，认定受害人属于“车上人员”还是属于“第三者”，法院采取的基本思路或者说原则就是必须以受害人在交通事故发生时是否身处事故车辆之上为依据进行判断，在车上即属于“车上人员”，否则即属于“第三者”。这样进行判断的原因在于，机动车作为一种交通工具，为人们的出行提供便利，任何人都不可能永久地置身其中，这就决定了机动车保险合同中所涉及的“车上人员”和“第三者”均为在特定的时间空间情形下的临时性身份，而非永久和固定不变的身份，二者都是相对概念而非绝对概念，可以因特定时空条件的变化而相互转化。而以受害人在交通事故发生时是否身处事故车辆之上为依据进行判断，可以说最大限度地尊重了客观实际，符合公平正义的司法原则。

当然，对于本案中这种在上车过程中被突然启动的车辆带倒跌落地面受伤的情形，在依据上述的“以受害人在交通事故发生时是否身处事故车辆之上”原则来确定受害人是属于“车上人员”还是属于“第三者”时，还应坚持“近因原则”。近因原则是判断保险事故与保险标的损失之间的因果关系并确定保险赔偿责任的基本原则。所谓“近因”，是指引起保险事故发生的直接、最有效或者起决定作用的原因，而保险理赔须遵循近因原则，司法实践中近因原则业已成为判断保险人应否承担保险责任的一个重要标准。在本案这种情形下坚持近因原则进行判断，其实就是根据受害人在引发事故的“近因”出现时所处的空间位置（即“近因”出现时受害人是否身处事故车辆之上）来进行判断。这需要首先确定事故的近因是什么，然后再确定近因发生时受害人所在的空间位置，就能判断出受害人到底是属于“车上人员”还是属于“第三者”。

具体到本文所述的案例中，在原告程嘉霞上车过程中，因驾驶员观察情况不够，径直启动车辆，导致原告甩出车外，摔倒受伤。其中驾驶员观察情况不够而突然启动车辆系最先发生，这一事件直接引发了之后原告程嘉霞跌落地面受伤的事件。这些前后发生的事件不仅存在连续性的因果关系，而且无任何逻辑中断，亦无其他外因介入，因此驾驶员观察情况不够而突然启动车辆这一根源性事件是造成事故发生从而导致原告程嘉霞受伤的近因。根据近因原则，驾驶员观察情况不够而突然启动车辆时原告程嘉霞并未完成上车动作，程嘉霞当时所处的空间位置相对于车辆而言系在车外，亦即其并未进入车辆的车体内，不属于事故车辆的车上人员，其与肇事车辆形成“相对第三者”的关系，应认定其为被保险车辆以外的人员，保险公司应当在交强险及机动车第三者责任强制保险限额范围内承担保险责任。

知识拓展

在被保险车辆发生交通意外事故时，会有这样的情形出现，即交通事故本车上的人员在发生交通事故后被甩出车外伤亡或者被甩出车外后再被本车碰撞、碾轧致伤亡等。这些情形下，受害人究竟是属于车上人员责任险中的“车上人员”，还是交强险或商业三者险中的“第三者”，这对于保险人责任的承担关系甚大。在司法实务中经常容易产生分歧，从而对保险理赔也产生了重大影响。

事故发生前，受害人从“车上人员”通过自主行动离开车辆成为“第三者”的，应当认定受害人存在身份转化。所谓“第三者”与“车上人员”均是在特定时空条件下的临时性身份，即“第三者”与“车上人员”不是永久的、固定不变的身份，二者可以因特定时空条件的变化而变化。比如车上人员下车休息时，被疏忽的驾驶人撞伤等。虽然司法解释没有作出具体的规定，但是司法实践中倾向于认为将上述情况认定为“第三者”，因为从危险的控制力看，上述人员与其他普通的第三者对机动车危险的控制力无实质差别，均处于弱势地位。

车上人员被动甩出车体而导致受伤的，或者事故发生后在后续时间内摔出车体的，是否属于车上人员，司法实践中对此问题存在分歧。观点一认为，因交通事故的撞击等原因导致原本已置身车上的驾驶员或乘车人员脱离本车的，不存在“转化”为第三人的问题，仍应当认为是车上人员，不应当由交强险赔偿。观点二认为，对于受害第三人身份的判定，要同时考虑以下两个因素，一是死者最后所处位置，二是死者与本车有无碰撞。若死亡的直接原因是在事故发生以后随车辆碰撞的惯性被甩出车外，其身体多处遭到损伤联合作用的结果，那么应当认定其具有第三者身份。

车辆驾驶人在事故发生时置身车外的，一般不应当认定为“第三者”。有一种极其特殊的情况，就是驾驶人下车查看车辆情况时，被未熄火的车辆碾轧的情形。这种情况下，驾驶人本人就是被保险人，且对机动车有实际的控制力，同时，因行为人自己行为造成自身损害，对其赔偿不符合《保险法》的有关规定，因此这种情况下的驾驶人不应当属于“第三者”。

普法提示

根据机动车使用情况，科学配置保险。机动车所有人、实际使用人都应当按照规定及时投保交强险，并建议根据车辆使用情况投保机动车综合商业险，包括第三者责任保险和车上人员责任保险，一旦发生事故后，保险公司可以按照相应险种进行赔付，不仅能为投保人分担风险，还能使受害人得到及时有效的赔付。

座位险、驾乘险都是分散“车内风险”的方式。座位险属于责任保险，只有本车因驾驶员的责任造成事故，使车上人员遭受人身伤害，才能获得赔偿。赔付比例根据交警划分的责任比例来定。也就是说，如果在交通事故中对方车辆负全责，本车的座位险是不赔偿的。驾乘险属于意外险，无论事故责任方是谁，只要是车上的人，都能获得赔偿，不影响车险的赔偿金，是一种补充保险。

驾驶人应当提前提醒乘车人注意安全。车内人员特别是后排乘客得看清车辆前后左右来往行人、车辆情况，确认安全后才可开门下车。另外，除了驾驶人外，乘车人尽量从右侧下车。驾驶人有义务将车辆停止在便于乘车人上下车的位置，驾驶人在启动车辆时，也有义务确认并保证乘车人的安全。

下车时注意交通安全。在下车时，我们倡导用距离车门较远的那只手开车门。当司机用离车门较远的那只手开门时，上半身会自然转动，头部和肩膀自然向外，眼睛会通过后视镜观察，转身时向后看，这一个完整的动作能避免很多不必要的事故发生。

案例六

交强险分项限额赔付制度在司法裁判中的认定

欧阳艺纯[1]

案情回顾

一天，李某驾驶货车从大兴区开往丰台区途中，在经过肇事路段时，与相对方向刘某某驾驶的电动车发生碰撞，造成电动车损坏和刘某某本人及其搭载的林某受伤，该事故经过交警认定，刘某某逆向行驶，负事故的主要责任，李某驾驶货车没有及时避让，负事故的次要责任。林某受伤后被送到首都医科大学附属北京中医医院进行治疗，共花费医药费3万元。其伤情经过鉴定构成十级伤残。李某的货车在中国人民财产保险股份有限公司北京分公司（以下简称人保北分公司）投保了交强险，本次事故发生在保险期限内，李某的货车未投保商业三者险。

各方因赔偿问题协商未取得一致意见，于是林某起诉至法院，要求李某、刘某某、人保北分公司就上述费用承担连带责任。经过一审法院核算，林某的各项经济损失为：医疗费根据林某提供的各项医疗费票据，认定为29854元；住院治疗48天，每天住院伙食费100元，共计4800元；误工期限，根据鉴定结果确定为200天，根据其单位出具的误工证明，误工费按照每日300元计算，共6万元；护理费为4698元，有护理人员的收费单据为证明；鉴定费为1200元；营养费按照鉴定意见，确定为720元；交通费根据林某提交的车票等，酌定为600元，精神抚慰金按照林某的伤残等级及责任比例确定为4000元，合计135872元。

一审法院经审理认为，应当按照《机动车交通事故责任强制保险条例》（以下简称《交强险条例》）第二十三条的规定，按照死亡伤残赔偿责任限额、

① 北京市第二中级人民法院法官助理。

医疗费用赔偿责任限额、财产损失赔偿责任限额的规定，在分项赔偿限额的范围内进行赔偿。

按照上述规定，人保北分公司在交强险限额内承担医疗费用1万元，死亡伤残赔偿责任限额105872元。按照本案的交通事故认定书，李某承担30%的责任，刘某某承担70%的责任，在交强险承担部分之外的医疗费2万元由李某和刘某某按照责任比例承担，李某应当向林某支付6000元医疗费，刘某某应当向林某支付1.4万元医疗费。

李某、刘某某不服一审判决，诉至二审法院。李某和刘某某认为，根据《道路交通安全法》第七十六条第一款规定，机动车发生交通事故造成人身伤亡、财产损失的，由保险公司在机动车第三者责任强制保险责任限额范围内予以赔偿，交强险总共限额为12万元，根据林某目前的赔偿状况，交强险限额尚未使用完，应当由交强险满额赔付之后，再由李某和刘某某进行赔付。如果适用分项赔偿，不利于保护受害方的权利，刘某某上诉称其目前还有较大数额贷款尚未清偿，无力支付林某1.4万元医疗费。

二审法院经审理后认为，本案的争议焦点为是否应当适用交强险分项限额赔付条款，及交强险各赔偿限额之间是否能够打通使用。根据《交强险条例》第二十三条的规定，按照死亡伤残赔偿责任限额、医疗费用赔偿责任限额、财产损失赔偿责任限额的规定，在分项赔偿限额的范围内进行赔偿。根据上述规定，死亡伤残赔偿责任限额、医疗费用赔偿责任限额、财产损失赔偿责任限额之间不相互打通使用，人保北分公司在交强险各分项赔偿限额内进行赔偿，其余部分由李某和刘某某按照责任比例负担，故一审法院按照交强险分项赔偿限额计算各方赔偿数额并无不当，二审予以维持。

法理分析

机动车交通事故责任强制保险是指基于公共政策的需要，由保险公司对被保险机动车发生道路交通事故造成本车人员、被保险人以外的受害人的人身伤亡、财产损失，在责任限额内予以赔偿的一种强制性责任保险。交强险责任限额是指当机动车发生保险事故的同时，保险人对保险事故所有受害人的人身伤亡、医疗费用和财产损失等所承担的最高赔偿限额，按照《交强险条例》的规定又分为有责限额和无责限额。在保险公司实践理赔中，被保险人对交通事故的发生有责任的，按照有责限额进行赔付；没有责任的，按照无责限额进行赔付。

但是关于交强险分项赔偿限额问题的认识和处理，在实践中往往呈现出不统一的问题。其主要原因是由于法律法规之间存在一定的分歧，主要有以下问题：

我国《道路交通安全法》第七十六条规定了被保险人在交通事故中造成了受害人人身伤亡和财产损失的，保险公司在强制责任保险的限额内承担赔偿责任，超出限额的部分由被保险人承担。上述法条中，只是说明了保险公司的赔付限额，并未具体提出分项赔付的规定。随后，国务院颁布的《交强险条例》第二十三条对责任限额进行了具体的细化，分别为死亡伤残赔偿责任限额、医疗费用赔偿责任限额、财产损失赔偿责任限额以及无责任的赔偿限额，同时明确规定交强险责任限额在全国范围统一实行。紧接着，保监会对这一规定再次进行细化，将分项保险限额分为被保险人有责的情况和被保险人无责的情况，两种情况分别适用不同的赔付标准。对于上述法律法规，目前主要有以下两种适用观点：一种观点是不支持分项赔偿制度。《交强险条例》分项赔偿限额的规定违反了上位法优于下位法的基本原则。持有该种观点的人认为，《道路交通安全法》由全国人大制定，属于法律，而《交强险条例》由国务院制定，属于行政法规，从法律位阶上看，《道路交通安全法》是《交强险条例》的上位法。作为上位法的《道路交通安全法》并未规定适用分项赔偿限额，《交强险条例》对赔偿责任进行了不同类型的分项规定，在很大程度上限制了受害人能够获得的赔偿数额，这和《道路交通安全法》的立法目的是相悖的。另一种观点是支持分项赔偿制度。认为《交强险条例》属于国家制定的行政法规，是对《道路交通安全法》的细化，在司法实践中是法官判案的依据。分项赔偿制度并未从根本上违反《道路交通安全法》，不能适用上位法优于下位法的位阶优先原则。尽管《道路交通安全法》

对责任限额进行了概括性规定，但是保险公司仅在赔偿限额内进行赔偿，并没有对保险公司如何承担责任进行规定，在法律没有进行细化规定的前提下，行政法规有权利进行细化规定，增强司法实践中的交强险赔付的可操作性，故应当适用分项赔偿制度。

知识拓展

（一）什么是交强险？交强险有哪些赔付模式？

“机动车交通事故责任强制保险”是指保险公司对被保险机动车发生道路交通事故造成本车人员、被保险人以外的受害人的人身伤亡、财产损失，在责任限额内予以赔偿的强制性责任保险。其与商业三者险的区别主要体现在政策救助性和公益性上，正因如此，交强险的制度设计是全国统一的。

交强险保险金的赔付模式有多种，从是否区分赔偿项目的角度，可分为概括限额与分项限额。分项限额是在交强险保险金赔付总额的基础上，按死亡伤残（人身损害）、医疗费用、财产损失，分为不同的赔付项目，各分项间不允许打通抵用。而概括限额只规定最高的赔偿金额，并不限制不同分项间的金额抵用。我国《道路交通安全法》第七十六条规定：“机动车发生交通事故造成人身伤亡、财产损失的，由保险公司在机动车第三者责任强制保险责任限额范围内予以赔偿……”《机动车交通事故责任强制保险条例》第二十三条规定：“机动车交通事故责任强制保险在全国范围内实行统一的责任限额。责任限额分为死亡伤残赔偿限额、医疗费用赔偿限额、财产损失赔偿限额以及被保险人在道路交通事故中无责任的赔偿限额。机动车交通事故责任强制保险责任限额由国务院保险监督管理机构会同国务院公安部门、国务院卫生主管部门、国务院农业主管部门规定。”这两条规定在法律层面规定了我国交强险责任限额区分不同项目，同时授权四部门制定具体的限额标准。

（二）交强险分项赔偿限额的规定及演变

《交强险条例》将交强险责任限额分为死亡伤残、医疗费用、财产损失3项赔偿，而具体的金额则授权给中国银行保险监督管理委员会会同国务院公安部、国务院卫生主管部门、国务院农业主管部门规定。笔者将交强险分项赔偿限额的历史演变整理为以下表格。从表格中可以看出，无论是2020年9月19日起开始实行的责任限额，还是之前实行长达12年之久的较低额度责任限额，死亡伤残赔偿金都占比最大，在限额调整的前后都占到90%，而在有责的情况下，医疗费赔偿限额在2020年9月由之前占比的8%调整到了9%，而财产损失限额并未做调整，其占比进一步下降到1%，从中我们可以看出，交强险主要保障的是第三者的生命权和健康权，交强险的上述结构说明，在发生交通事故时，只有造成受害人死亡或残疾时，交强险才能够最大限度地发挥保障第三人的作用。

表1　分项赔偿限额演变

分项赔偿限额	2008.2.1—2020.9.18				2020.9.19至今			
	有责任/元	分项/总额	无责任/元	无/有	有责任/元	分项/总额	无责任/元	无/有
死亡伤残	110000	90%	11000	10%	180000	90%	18000	10%
医疗费用	10000	8%	1000	10%	18000	9%	1800	10%
财产损失	2000	2%	100	5%	2000	1%	100	5%
合计	122000		12100	10%	200000		19900	10%

（三）分项赔偿模式的利弊

分项赔偿模式有两方面优点：1.有利于先赔付因事故造成残疾死亡的受害人。由于死亡伤残赔偿金在交强险中所占比例最大，对于因为发生事故导致伤残死亡的受害人，其通常能够通过交强险中获得足额的赔付，发挥交强险保障受害人生命权和健康权的基本作用。2.将事故风险及赔付项目具体确定，大大降低了保险公司赔付的不确定性。按照不同的责任限额进行分项，区别对待低风险高损失的人身伤亡和高风险低损失的财产损失，可以有效降低保险费率，控制风险。

分项赔偿模式主要有如下缺点：1. 对受害人的救济不利，由于各个分项之间不能互相打通使用，当受害人某项费用过高时，交强险就不能得到充分救济。从而与交强险保障性、公益性的功能相背离，在被保险人承担责任较少的情况下，受害人能够从交强险中获得的赔偿就更加少。2. 加重被保险人的负担。当受害人不能通过交强险获得充分保障的情况下，受害人必然基于侵权责任要求被保险人承担，这样就会加重被保险人的赔偿负担。被保险人如果想要化解这种风险，就只能够购买更多的商业三者险。在被保险人没有投保商业三者险且没有赔付能力的情况下，受害人极有可能无法获得赔偿从而延误治疗。

普法提示

在现有的交强险分项赔偿规定下，了解各地法院对于交强险分项赔偿的适用尺度，有利于受害人选择最优赔偿方案及采取合理措施降低交强险分项赔偿制度带来的风险。

（一）司法实践中对于交强险分项赔偿的适用

对于实行分项赔付模式，司法适用中曾经引发过理解和适用的争议，适用尺度在各地也不尽相同。河南、四川、杭州曾经作出过突破分项规定的判决，其主要是从交强险设立的目的和法律适用效力的位阶等角度出发进行论证。但是大部分法院都不支持突破交强险分项限额的规定，最高人民法院民一庭也曾在 2012 年 5 月 29 日在给辽宁省高级人民法院的回函中指出“机动车在发生交通事故后，受害人请求承包机动车第三者责任强制保险的保险公司对超出机动车第三者责任强制保险分项限额范围的损失予以赔偿的，人民法院不予支持”。在上述回函的影响下，北京各地法院并无支持突破分项赔偿限额的规定。

（二）分项赔付模式下被保险人应当购买好商业三者险

在分项赔付模式下，医疗费、财产损失费这种在交强险中比例较低的项目通常不能得到交强险的充分赔付，在此种情况下，就需要被保险人购买好足额的商业三者险，通过这种方式，在交通事故发生时，能够有效减少被保险人自身承担的赔偿数额，降低交通事故给被保险人带来的损失，通过大数法则将风险分散。

（三）伤而未残的交通事故案件中的交通费、误工费、护理费等也属于交强险的赔偿范围

交通事故责任人承担的是侵权责任，根据《民法典》规定，侵害他人造成人身损害的，应当赔偿医疗费、护理费、交通费等为治疗和康复支出的合理费用以及因误工减少的收入。造成残疾的，还应当赔偿残疾生活辅助器具费和残疾赔偿金。造成死亡的，还应当赔偿丧葬费和死亡赔偿金。《机动车交通事故责任强制保险条例》第八条中的“死亡伤残赔偿项目”并未就受伤、残疾还是死亡作出区别规定。

因此，对于交强险中的死亡伤残赔偿金，我们不能做字面理解，在受伤、残疾、死亡中任何一种情况下，实际发生的交通费、误工费以及护理费等均属于交强险的赔偿范围。伤而未残的交通事故案件中的交通费、误工费、护理费等也属于交强险的赔偿范围。

案例七

未投保交强险的车辆发生交通事故，投保义务人需要承担赔偿责任吗？

杨一树[①]

案情回顾

一天，李玉龙开着姐姐李玉莲家的汽车行至小桃村村口，与前方骑电动自行车的张秀娟相撞，导致张秀娟左腿骨折被送至医院。公安交通管理部门作出交通事故认定书，认定李玉龙负本次事故的全部责任，张秀娟无责任。事故发生时，李玉莲给车辆买的交强险刚到期，还没来得及续保，所以并不在保险期间内。经鉴定，张秀娟的伤情构成十级伤残，张秀娟伤愈以后，将李玉龙和李玉莲一起诉至法院，要求二人共同赔偿自己的医疗费、残疾赔偿金、误工费等损失。

一审法院经审理认为，李玉龙驾驶的肇事车辆在保险公司未投保交强险，而且负事故全部责任，因此赔偿责任应当由李金龙承担。张秀娟的合理损失包括医疗费 68000 元，住院伙食补助费 1700 元，营养费 3750 元，护理费 8690 元，误工费 15000 元，伤残赔偿金 55000 元，残疾辅助器具费 1980 元，鉴定费 3150 元，交通费 500 元，同时还有精神损害抚慰金 5000 元，此外，事故造成张秀娟电动车损坏，修车花费了 500 元。对于以上损失，李玉龙应当全部赔偿给张秀娟，共计 163270 元。此外，李玉莲作为车辆的所有人，没有按照法律规定为车辆投保交强险，也应当在交强险的范围内承担赔偿责任。所以在本案中，李玉莲应当在当时的交强险限额内对张秀娟 120000 元的人身损失和 500 元财产损失承担连带赔偿责任。

李玉龙不服，提起上诉，并提交证据证明自己在交通事故发生后已经向

① 北京市第二中级人民法院法官助理。

张秀娟垫付了医疗费 35000 元，应当在赔偿金额里扣除。

二审法院查明事实后，认定张秀娟的医疗费数额中应当扣除李玉龙垫付的 35000 元，扣减后，李玉龙仍需向张秀娟赔偿 128270 元。而李玉莲则应当在交强险的限额内承担连带赔偿责任。包含医疗费项下赔偿 10000 元；死亡伤残赔偿金项下的交通费 500 元、伤残赔偿金 55000 元、残疾辅助器具费 1980 元、精神损害抚慰金 5000 元、护理费 8690 元、误工费 15000 元；财产损失项下赔偿 500 元。

法理分析

机动车交通事故第三者责任强制保险是由保险公司对被保险机动车发生道路交通事故造成受害人（不包括本车人员和被保险人）的人身伤亡、财产损失，在责任限额内予以赔偿的强制性责任保险。该保险是我国首个由国家法律规定实行的强制保险制度，保费由国家统一规定。2020 年 9 月 19 日起，《关于车险综合改革的指导意见》正式实施，交强险有责总责任限额从 12.2 万元提高到 20 万元。

2004 年 5 月 1 日起实施的《道路交通安全法》首次提出建立机动车第三者责任强制保险制度，随着配套措施的完善以及日益增长的用车需求，2007 年 7 月 1 日交强险在全国各地普遍实行。国家之所以强制机动车车主投保交强险，主要是因为当时商业车险的投保率较低，在许多交通事故发生以后因没有保险保障，肇事者没有经济能力承担事故责任，受害者的损失得不到补偿，从而产生大量社会问题。

既然名为交强险，就说明是具有一定强制性的，如果车主拒绝购买交强险，可能遭遇以下几种情况：

第一，公安机关交通管理部门可能扣留机动车至依照规定投保以后，并按照投保最低责任限额应交纳的保险费的两倍处以罚款。

第二，未投保交强险的车辆在年审等一系列检测中是无法通过的。

第三，无论车辆是由车主自己驾驶还是借用给他人驾驶，一旦在无交强险保障的期限内发生交通事故导致第三方受伤的，车主都将承担赔偿责任。本案中涉及的情形就是车主将车辆借用给他人驾驶，发生交通事故后，车主仍然要承担赔偿责任。

2020年12月23日修正的《最高人民法院关于审理道路交通事故损害赔偿案件适用法律若干问题的解释》（以下简称《道交司法解释》）第十六条规定："未依法投保交强险的机动车发生交通事故造成损害，当事人请求投保义务人在交强险责任限额范围内予以赔偿的，人民法院应予支持。投保义务人和侵权人不是同一人，当事人请求投保义务人和侵权人在交强险责任限额范围内承担相应责任的，人民法院应予支持。"

（一）交强险的投保义务人是谁？

根据《道路交通安全法》的相关规定，国家实行交强险制度。机动车所有人、管理人未按照国家规定投保交强险的，应当承担相应的行政责任。在中国境内道路上行驶的机动车的所有人或管理人都应当投保交强险。按照上述规定，机动车的所有人或者管理人属于具有投保交强险的法定义务人。机动车所有人一般意义上就是指车主，而机动车管理人，就是对机动车实际进行管理的人，既包括经过机动车所有人授权进行管理的情况，比如机动车所有人本人，或者通过机动车所有人的委托、租赁、借用等合法方式取得机动车的占有、使用、收益权利的情况，也包括未取得授权而实际控制机动车的人。

根据侵权责任的一般理论，侵权行为既包含作出特定行为的情形也包含未作出特定行为的情形。其中，不作为成立侵权的前提，必须是行为人具有法律意义上的作为义务。作为义务的来源有法律的特殊规定，或者合同的约定，还包括因社会公序良俗而产生的义务等。投保交强险，属于我国法律明确规定的一项义务，车辆所有人或使用权人应当依法履行，未履行上述义务造成侵害他人权益的，就应当承担相应的侵权责任。从现实来看，在机动车购买、使用、转让、年检以及违章处理等各个环节都要求投保交强险这一条件，所以未投保交强险的行为，在主观上多数是出于故意，仅有少数情况下属于重大过失。

从我国现有的法律规定来看，对投保人未履行特定的投保义务而承担责任的规定也并非孤例，如《工伤保险条例》中就存在用人单位未投保工伤保险时应当承担相应责任的规定。法律对投保义务人的责任规定，利用司法的手段实现了公法的目的，在客观上也有利于《道路交通安全法》等立法目的的实现，给被侵权人利益的保护提供了正当化的依据。

（二）未投保交强险的责任范围

投保义务人未履行投保责任时，应当承担的责任范围，与其不作为侵权所损害的第三人利益相关。投保义务人未履行投保责任，导致事故发生以后第三人无法从交强险中获得赔偿，投保义务人并未直接侵犯第三人的生命权、健康权、财产权，为什么还要保护第三人的这种利益呢？原因是根据我国的交强险制度，在机动车发生交通事故造成第三人损害的情况下，在交强险赔付范围内，是不区分机动车一方是否有责以及责任大小的。也就是说，只要第三人受有损失，保险公司就应当在赔付限额内全责赔付。这种对第三人损害的救济方式赔偿范围更大，保障程度更高，覆盖面更广。如果投保义务人没有履行法定义务，为机动车投保交强险，就直接导致第三人的这一法定利益受到损害。第三人从交强险制度中获得的利益，虽然不是严格意义上的权利，但确是一种实实在在的利益，法律上应当对第三人的这一法定利益予以保护。

从上述分析可见，未投保交强险的机动车发生交通事故时，投保义务人应当替代交强险保险公司的地位，向受害者（第三人）提供充足的赔偿。因此，赔偿的基本原则就是，按照原本应由交强险保险公司的赔偿责任的计算方式计算出的数额来确定投保义务人的责任范围。

（三）投保义务人承担责任的形式

《道交司法解释》于2020年12月23日作出修正，新解释第十六条第二款规定存在一处明显修改，就是在投保义务人与实际侵权人不同的情况下，将二者承担的“连带责任”修改为“相应责任”。修改后的条文表述为：“投保义务人和侵权人不是同一人，当事人请求投保义务人和侵权人在交强险责任限额范围内承担相应责任的，人民法院应予支持。”

在此种解释的思路下，我们通常以行为人的过错作为承担侵权责任的一般原则。相对于以往仅关注权利人是否可以获得充足救济的结果导向性思路来说，新解释不仅在理论上更加契合侵权责任法的立法逻辑，而且厘定了投保义务人、侵权人的各自责任范围，在实践中避免了当事人的诉累，符合时代需求。

知识拓展

（一）投保义务人与侵权人各自应当承担责任的裁量标准

2021年1月1日《民法典》正式实施，与《民法典》配套的司法解释也都进行了修订更新，最高人民法院于2020年12月23日对《道交司法解释》进行了修订，其中就包括未投保交强险的责任承担问题。

原《道交司法解释》第十九条规定：“未依法投保交强险的机动车发生交通事故造成损害，当事人请求投保义务人在交强险责任限额范围内予以赔偿的，人民法院应予支持。投保义务人和侵权人不是同一人，当事人请求投保义务人和侵权人在交强险责任限额范围内承担连带责任的，人民法院应予支持。”

修改后的《道交司法解释》第十六条规定：“未依法投保交强险的机动车发生交通事故造成损害，当事人请求投保义务人在交强险责任限额范围内予以赔偿的，人民法院应予支持。投保义务人和侵权人不是同一人，当事人请求投保义务人和侵权人在交强险责任限额范围内承担相应责任的，人民法院应予支持。”

修改后的《道交司法解释》将“连带责任”修改为“相应责任”意味着不再一概要求投保义务人承担连带责任，而要根据《民法典》相关规定区分具体情况。那么连带责任与相应责任有什么区别呢？按照修改前的司法解释要求，投保义务人与侵权人承担连带责任，受害人可以向任何一方要求承担全部赔偿责任，在承担责任后，双方可以在内部划分份额，对支付的超出自己责任份额的部分向对方行使追偿权。按照新司法解释的要求，投保义务人与侵权人之间的责任可以直接由法院划分份额，双方都只需承担自己责任份额内的赔偿义务，对于超出各自份额的部分，双方可以不对受害人承担赔偿义务。

本文中，前述案例就是基于旧《道交司法解释》作出的判决，要求车主李玉莲与驾驶人李玉龙承担连带赔偿责任。下面，我们将结合新《道交司法解释》施行后的实际案例，介绍何谓投保义务人与侵权人之间的“按份责任”。

某日，吕月驾驶小轿车自西向东驾驶时，与停在道路上的王硕驾驶的小客车追尾，造成王硕膝关节扭伤，花费医疗费7000元。根据交通管理部门出具的道路交通事故认定书载明的内容为：吕月承担主要责任，王硕承担次要责任。吕月驾驶的车辆实际为其同事胡平平所有的未投保交强险的车辆。法院经审理认定胡平平的医疗费损失未超过交强险限额，因此不需区分责任比例，因吕月驾驶的车辆未投保交强险，法院酌情确定侵权人吕月与车辆投保义务人胡平平应当各自承担50%的责任，分别向胡平平赔偿医疗费3500元。

投保义务人与侵权人的责任比例应当如何确定？目前尚未有明确法律规定，多数观点认为，应结合投保义务人是否履行告知义务，以及侵权人是否履行审慎注意义务，来认定两者的责任比例，且投保义务人应对未投保交强险所导致的法律后果承担更重的责任。

（二）在多车未投保交强险的情况下责任如何分配？

在审判实践中，存在一种罕见的情况，如果发生交通事故的两辆机动车都未投保交强险，是否还按照本条规则处理呢？

例如，甲、乙两车都未投保交强险，发生了交通事故。甲车应承担80%的主要责任，但其受伤较重，医疗费为20000元。乙车承担20%的次要责任，但其受伤较轻，仅花费医疗费300元。按照法律规定，应当由甲车车主赔偿300元，乙车车主赔偿20000元，最终结果是责任较重的甲车赔偿数额反而较低，乙车责任较轻，但是赔偿数额反而较高。这样对于责任较轻的乙车而言是否公平呢？

一般情况下，我们认为还是应当如此进行赔偿。乙车虽然在交通事故中属于责任较轻的一方，但是其承担责任的原因是由于其未投保交强险，给甲车车主带来的无法在交强险限度内足额获赔的损失，在这种情况下不应当考虑乙车在交通事故中的责任大小。这样极端的案例恰恰反映了交强险制度的功能，也彰显了投保交强险作为一项法定义务的重要性。

普法提示

通过对以上车主未投保交强险的案例分析，我们在此告诫广大车主以及车辆使用人注意以下问题：

第一，车主应当及时履行法定义务，给自己所有的机动车投保交强险。一方面，国家设立机动车交通事故强制保险制度的目的就是控制机动车行驶这一具有高度危险性的行为所带来的风险，同样也是为了减少意外事故给车主带来的财产损失，减轻车主的压力。另一方面，如果不及时投保交强险，在发生意外时还要承担赔偿责任。所以车主在购买机动车时就应当立即投保交强险，同时注意保险到期时间，及时续保，不要让侥幸心理害人害己。

第二，作为车主，应当管理好自己的车辆，不要允许醉酒、吸毒或其他安全意识不足的人使用自己的车辆。否则在发生交通事故后，车主将可能承担相应的赔偿责任。

第三，在借用、租赁他人车辆时，应当注意交强险投保情况的告知，以及投保义务的确认。实践中，存在车主将车辆长期出租、出借给他人使用的情形，有一些商家通过经营车辆租赁业务盈利，有一些车辆所有权人对车辆长期失去控制，对于是否投保交强险并未关注。同时，还存在租赁人、借用人短期使用他人车辆的情形，在使用前并未确认车辆是否投保了交强险。对于这种情形，建议双方尽量在转移车辆实际控制之前，明确沟通交强险的投保情况，并且通过合同形式约定交强险的投保义务，以免发生车辆所有人与使用人不一致时，投保义务人无法明确的情况。

图书在版编目 (CIP) 数据

交通事故责任纠纷典型案例解析 / 鲁桂华主编 . —
北京：中国法制出版社，2022.5（2024.12 重印）
（法官说法丛书）
ISBN 978-7-5216-2323-9

Ⅰ . ①交… Ⅱ . ①鲁… Ⅲ . ①交通运输事故 – 民事纠纷 – 处理 – 中国 Ⅳ . ① D922.145

中国版本图书馆 CIP 数据核字（2021）第 246216 号

责任编辑：李宏伟　　封面设计：杨泽江

交通事故责任纠纷典型案例解析

JIAOTONG SHIGU ZEREN JIUFEN DIANXING ANLI JIEXI

主编 / 鲁桂华

经销 / 新华书店

印刷 / 北京虎彩文化传播有限公司

开本 / 710 毫米 × 1000 毫米　16 开　　印张 / 14　字数 / 207 千

版次 / 2022 年 5 月第 1 版　　2024 年 12 月第 5 次印刷

中国法制出版社出版

书号 ISBN 978-7-5216-2323-9　　定价：48.00 元

北京市西城区西便门西里甲 16 号西便门办公区

邮政编码：100053　　传真：010-63141600

网址：http://www.zgfzs.com　　**编辑部电话：010-63141821**

市场营销部电话：010-63141612　　**印务部电话：010-63141606**

（如有印装质量问题，请与本社印务部联系。）